Wie werde ich ein guter Nachhilfelehrer?

Ein Ratgeber für alle, die Heranwachsende beim Lernen
unterstützen wollen

Julien Appler

D1720048

Alle Ratschläge in diesem Buch wurden vom Autor sorgfältig geprüft. Eine Garantie kann dennoch nicht übernommen werden. Eine Haftung des Autors für Personen-, Sach- und Vermögensschäden ist daher ausgeschlossen.

Der Autor weist ausdrücklich darauf hin, dass im Text enthaltene externe Links vom Autor nur bis zum Zeitpunkt der Buchveröffentlichung eingesehen werden konnten. Auf spätere Veränderungen hat der Autor keinen Einfluss. Eine Haftung ist daher ausgeschlossen.

Alle erwähnten Personen in diesem Buch sind real, nur ihre Namen wurden vom Autor auf Grund des Datenschutzes geändert.

1. Auflage

Copyright © 2017 Julien Appler

Umschlaggestaltung: Julien Appler

Titelbild: Urheber: <a href='https://de.123rf.com/profile_olegdudko'>olegdudko / 123RF Standard-Bild</a>

Alle Rechte vorbehalten.

ISBN: 9781980655213

Verlag: Selbstverlag Julien Appler, Neckarauer Straße 21, 68199 Mannheim

Bibliografische Informationen der Deutschen Nationalbibliothek: Die Deutsche Nationalbibliothek verzeichnet diese Publikation in der Deutschen Nationalbibliografie; detaillierte bibliografische Daten sind im Internet über http://dnb.d-nb.de abrufbar.

Für Sarah, die mich mit Ideen und Diskussionen auf dem richtigen Pfad gehalten hat

Der schönste Moment ist, wenn einem Schüler ein Licht aufgeht.

Inhaltsverzeichnis

DANKSAGUNG

Ich danke meinen Eltern und meiner Verlobten für die Unterstützung bei
diesem Projekt. Das Buch ist endlich bereit für die Presse.
Auch möchte ich mich bei den Lernprofis bedanken, die mir damals diese
unglaubliche Erfahrung als Nachhilfelehrer ermöglicht haben.

Vorwort des Autors

Sie haben sich bestimmt schon Gedanken dazu gemacht und wollen jetzt Sicherheit.

Kann ich Nachhilfe geben?

Dieselbe Frage habe ich mir am Anfang auch gestellt. Heute bin ich Nachhilfelehrer aus Erfahrung. Diese Erfahrung möchte ich mit Ihnen teilen, damit Sie das Beste aus Ihren Schülern oder Kindern herausholen können. Dieses Buch hilft Ihnen herauszufinden, wie Sie Nachhilfe geben sollten und warum. Obwohl hauptsächlich angehende Pädagogen in diesem Bereich tätig sind, lohnt es sich auch für Nichtpädagogen. Denn Nachhilfe ist kein Unterricht! Diese zwei Welten unterscheiden sich stark voneinander. Ob Sie in einem Nachhilfeinstitut oder privat Nachhilfe geben, macht hingegen kaum einen Unterschied. Sowohl angehende Lehrer als auch Eltern finden in diesem Buch einen Partner, der Ihnen mit Rat und Tat zur Seite steht.

Sollten Sie Theorien von toten Pädagogen oder Pädagogen ohne Berufspraxis erwarten, ist dieses Buch das Falsche. Die Realität ist anders! Entscheidungen werden schnell gefällt und können nicht im Plenum besprochen werden. D.h. Sie werden hier nur praktische und getestete Methoden kennenlernen, die in der Realität auch wirklich funktionieren können.

Dennoch gibt es keinen Königsweg! Denn so verschieden wie die Menschen sind, so verschieden sind die Herangehensweisen beim

Lehren. Dieser Ratgeber gibt Ihnen viele Möglichkeiten an die Hand, aber gewiss nicht alle. Oft ist eine Mischung diverser Methoden notwendig, um das Individuum Mensch zu erreichen.

Julien Appler

16.07.2018

Was ist das Ziel von Nachhilfe?

In der Nachhilfe geht es nicht allein darum verpasstes Wissen nachzuholen, Wissenslücken zu füllen oder Defizite zu vermindern. Natürlich sollen sich die Schüler verbessern, doch zuallererst sollen sie sich nicht weiter verschlechtern. Selbstbewusstsein muss bei den Heranwachsenden gestärkt und gefördert werden. Außerdem müssen Sie ihnen zeigen, wie sie richtig lernen und ihnen eine Anleitung bzw. Methoden zu gutem Lernen beibringen. Selbstständigkeit ist nicht selbstverständlich. Die Schüler müssen an die Selbstständigkeit herangeführt werden, indem Sie ihnen zeigen wie sie Aufgaben selbst lösen können und was die Schüler tun sollen, wenn sie es nicht sofort schaffen. Durch ihre eigenen Erfolge können Sie ihnen die Angst und den Unmut vor ihren schwachen Fächern nehmen und die Motivation auf lange Sicht steigern. Den Anschluss zu verpassen, ist kein Schicksal dem sich Schüler ergeben müssen. Deswegen gibt es Nachhilfelehrer! Nicht wer nichts weiß ist dumm, sondern wer nicht lernen will ist es. Ziel sollte es immer sein, langfristige Erfolge zu erreichen, um auf Dauer einen selbstständigen, starken Menschen aufwachsen zu sehen. Auf Dauer werden Sie sich dadurch zu einer Vertrauensperson Ihres Schülers entwickeln.

1. Der Nachhilfelehrer

Als Nachhilfelehrer sollte man gewisse Grundvoraussetzungen erfüllen und wer das nicht kann, muss sie eben lernen. Kleine Dinge können einen Unterschied zwischen guter und schlechter Nachhilfe machen.

1.1 Bleiben Sie locker!

Es gibt nichts Schlimmeres als einen Nachhilfelehrer, der einen Stock im A**** hat. Gerade junge Menschen merken sofort, wenn sich jemand verstellt und beobachten Sie argwöhnisch. Die Schüler tendieren dazu, sich die ganze Zeit zu fragen: „Was stimmt mit dem (oder der) nicht?" oder „Warum ist der/die so?" Umso entspannter Sie an den Nachhilfeunterricht herangehen, desto entspannter ist die Stimmung im Raum. Allerdings heißt das nicht, dass Sie der beste Freund Ihrer Schüler werden sollen und von nun an kumpelmäßig den neusten Tratsch austauschen. Auch gilt: Privat bleibt privat. Lassen Sie sich nicht aushorchen. Viele Schüler haben ein Feingefühl dafür das Lernen zu vermeiden, indem sie Sie über die neusten Entwicklungen Ihres Privatlebens ausfragen.

1.2 Respektieren Sie Ihre Schüler!

Sie werden im Regelfall als Autoritätsperson vorgestellt und genießen den Respekt der Schüler meist von Anfang an. Jetzt gilt es diesen

Respekt zu halten. Die einfachste Methode ist es, Ihren Schülern denselben Respekt entgegenzubringen. Das bedeutet auf der einen Seite, dass Sie ihre Leistungen anerkennen und auf der anderen Seite, dass Sie sie nicht respektlos behandeln. D.h. bleiben Sie nett und begegnen Sie Ihren Schülern auf Augenhöhe, denn arrogantes Verhalten ist unangebracht.

1.3 Hören Sie aktiv zu!

Zuhören können wir alle, oft machen wir es aber nur halb. In der Nachhilfe müssen Sie richtig zuhören können. Einerseits damit Sie Ihre Schüler besser verstehen und andererseits damit Sie die Fehler in deren Denkweise schneller erkennen. Lassen Sie Ihre Schüler ausreden! Damit erkennen Sie den wahren Ursprung des Problems schneller und sparen Zeit.

Manchmal versteht man seine Schüler nicht. Deswegen aktives Zuhören! Stellen Sie Fragen, bis Sie verstanden haben, worin das eigentliche Problem liegt. Meist löst der Schüler das Problem dann schon von selbst und alles was Sie getan haben, war die richtigen Fragen zu stellen und zuzuhören.

1.4 Leiten Sie Ihre Schüler an!

Wenn Sie Ihre Schüler machen lassen was sie wollen, kriegen Sie sie in kritischen Momenten nicht in den Griff. Als guter Nachhilfelehrer müssen Sie anleiten können und klare Grenzen setzen. Wer in seinem

Unterricht das Heft nicht in die Hand nimmt, der bekommt es abgenommen. Kurzerhand übernimmt einer der Schüler die Leitung Ihres Kurses und es ist ein Kraftakt den Kurs zurückzugewinnen. Man könnte auch sagen: Wer nicht anführt, wird an der Nase herumgeführt. Lassen Sie sich unter keinen Umständen Ihre Autorität aus der Hand nehmen. Das erschwert den Nachhilfeunterricht und macht es für Lernwillige unmöglich sich zu konzentrieren.

1.5 Sie brauchen eine feste Stimme!

Eine feste Stimme hilft Ihnen sich durchzusetzen und unterstreicht Ihre Autorität und Ihre Glaubwürdigkeit.[1] Verfallen Sie nicht in eine Kinderstimme, weil Sie einen Kurs von Grundschülern unterrichten. Grundschüler neigen dazu Sie unter Spielkamerad abzuspeichern und dadurch verlieren Sie Ihre Autorität. Eine zittrige Stimme macht Sie schwach und angreifbar. Jüngere Schüler, aber auch ältere, nutzen Ihre Gelegenheit am Schopf, um Ihnen im Extremfall den ganzen Kurs durcheinanderzubringen.

1.6 Setzen Sie kein Wissen voraus!

Ich höre immer mal wieder aus dem benachbarten Unterrichtsraum eines Kollegen: „Das musst du aber wissen!" An der Stelle gibt es für mich nur eine Antwort: „Nein, muss er nicht!"

---

[1] (Hoegg, 2012, 20)

Setzen Sie niemals Wissen voraus! Gehen Sie lieber vom unwissendsten Schüler aus. Die Gründe dafür sind folgende: Erstens Sie ärgern sich weniger über die Unwissenheit Ihrer Schüler. Zweitens die Schüler brauchen Nachhilfe, also müssen wir in erster Linie von einem Wissensdefizit ausgehen. Drittens selbst wenn Sie Ihrem Schüler dasselbe Thema schon fünfmal erklärt haben, es die letzten drei Wochen problemlos und fehlerfrei geklappt hat, kann er es in der vierten Woche trotzdem wieder komplett vergessen haben. Der Grund dafür hat sich mir noch nicht ganz erschlossen, aber auch Kollegen klagen über dieses Phänomen. Sollten Sie den Grund herausbekommen, schreiben Sie mir!

1.7 Seien Sie geduldig beim Lehren!

Lernen braucht Zeit. Nur weil Sie etwas wissen und Ihr Schüler es gerade eben gelernt hat, hat er nicht dasselbe Verständnis für die Materie wie Sie. Das liegt daran, weil Sie wesentlich mehr Praxiserfahrung in der Anwendung gesammelt haben. Wenn Ihr Schüler überhaupt nichts versteht, sollten Sie das Thema anders erklären. Wenn er aber kleine Schritte nach vorne macht, ist das ein Grund zur Freude. Erwarten Sie nicht, dass er innerhalb der ersten 45 Minuten bei Ihnen der nächste Albert Einstein wird. Das wird nicht passieren!

Wenn es auf eine Arbeit zugeht, neigt man zu hektischem Verhalten und will dem Schüler so viel wie möglich mitgeben. Stopp! Tun Sie das nicht! Manche Schüler neigen dazu Termine für Arbeiten einen Tag vorher bekannt zu geben. Statt hektisch zu werden und dem Schüler den ganzen Stoff einzutrichten, konzentrieren Sie sich lieber auf Qualität statt Quantität. Sie werden ihm innerhalb eines Tages nicht den ganzen Stoff, den er nicht verstanden hat, beibringen können. Das ist unmöglich! Nebenbei bemerkt müssten Sie pausenlos und stundenlang durcharbeiten, was auch unmöglich ist!

Lernen braucht Zeit! Deshalb sollten Sie Ihre Schüler in regelmäßigen Abständen nach Arbeitsterminen fragen, um Termindruck vorzubeugen.

1.8 Sie brauchen Fachwissen!

Sokrates soll einst gesagt haben: „Ich weiß, dass ich nichts weiß!" Deshalb ist Fachwissen erst an achter Stelle genannt. Viele Nachhilfelehrer werden am Anfang vom Schulstoff erschlagen. Man hat das mal gemacht, aber weiß man das noch? Ja, tut man! Es dauert eine Weile, bis man selbst wieder in die Themen hineinfindet, aber dann sollte es keine Herausforderung mehr sein. Außerdem gibt es viele Nachschlagwerke, die einem helfen sich zu erinnern: Formelsammlung, Bücher der jeweiligen Fächer, Internet etc.

Sollten Sie bei einem Fach überhaupt nichts mehr wissen und sich nicht erinnern können, sollten Sie dieses Fach unter gar keinen Umständen in Ihr Unterrichtsportfolio mit aufnehmen. Erinnerungslücken kann man zeitweise kompensieren, Unwissenheit nur über eine entsprechende Weiterbildungsmaßnahme.

1.9 Hart aber gerecht!

Was erstmal sehr hart klingt, hat einen klaren pädagogischen Zweck. Die meisten Nachhilfeinstitute haben ein eigenes Bewertungssystem für Schüler und wie sie sich am jeweiligen Tag geschlagen haben. Das kann sowohl das schulische Notensystem von 1-6 sein für Motivation, Verhalten und Lernfortschritt oder einfach nur Plus, Minus und ein Kreis für neutral. Es bringt nichts Ihre Schüler zu nett zu bewerten und damit eine weitere 6 zu riskieren. Bleiben Sie strikt beim Anmerken der Fehler und lassen Sie sich nicht auf Gedanken ein, wie

„Man könnte das vielleicht doch gelten lassen." oder „Emma hat das bestimmt anders gemeint."

Man nennt diesen Effekt auch Halo-Effekt.[2] Was bei Mathematik leichter fällt (da es nur richtig und falsch gibt), kann beim Verbessern von Texten gern mal zugunsten des Schülers ausgelegt werden. Tun Sie das nicht! Sie tun Ihrem Schüler damit keinen Gefallen. Seien Sie hart in Ihrer Bewertung, aber immer gerecht. Auch wenn Sie mal etwas nicht lesen können, ist das ein Fehler, egal welche Ausrede Ihr Schüler parat hat. Standardmäßig werden Sie sich folgende Ausrede anhören müssen:

„Mein Lehrer kennt das schon und kann das lesen!"

---

[2] (Kahnemann, 2015, 108-111)

Selbst wenn das wahr ist, kann es der nächste Lehrer nicht mehr lesen und es wird zu einem Fehler. Kurzfristig kann man das ignorieren, doch für langfristige Erfolge ist Schönschreiben vorzuziehen!

Kündigen Sie keine Drohung an, die Sie nicht bereit sind durchzusetzen! Dadurch behalten Sie Ihre Glaubwürdigkeit und Ihre Autorität. Bleiben Sie hart! Wenn Sie etwas androhen (z.B. „Pascal, beim nächsten Stören, musst du deine Aufgaben bei der Leitung machen!"), dann müssen Sie das in die Tat umsetzen. Leere Drohungen gegen Störenfriede sind keine Hilfe. Wichtig ist, dass Sie das Kopfkino des Schülers aktivieren.

„Hör auf damit, sonst…!" oder „Wenn du so weitermachst, dann…!"

Mit solchen Sätzen geben Sie den Folgen eine Gestalt. Dadurch werden Sie erfassbar und weniger gefährlich. Vermeiden Sie das! Der Schüler soll sich die Folgen selbst ausmalen.

>>in einem sehr strengen Ton<<
„Hör auf deinen Nachbar zu ärgern!" oder
„Ruhe!"

Sie lassen der Fantasie der Schüler freien Lauf. Der Fantasie der Schüler sind schließlich keine Grenzen gesetzt.
Konkretisieren Sie, was Sie meinen! „Hör auf damit!" ist zu allgemein und bietet Spielraum zum Interpretieren. „Hör auf deinen Nachbar zu ärgern!" bezieht sich auf eine konkrete Situation und bietet keinerlei Spielraum. Mehrere Drohungen zeigen Ihre Hilflosigkeit und macht Sie

zum Spielball Ihrer Schüler. Lassen Sie das nicht zu! Setzen Sie sich durch!

1.10 Schweigen ist Gold!

Wir alle kennen das! Jeder von uns hatte mal einen schlechten Lehrer oder hat in der Schule mal ein Lehrerranking für die miesesten Lehrer der Schule erstellt. Doch jetzt können wir uns rächen! Stopp!

Sollten Sie diese Gedanken haben, verwerfen Sie sie sofort! Machen Sie es Ihrem Schüler nicht noch schwerer im Unterricht zu folgen. Weil Sie seinen Lehrer schlechtmachen oder sogar über ihn schimpfen, wird er noch weniger gewillt sein in der Schule zu lernen und blockiert komplett. Es gibt gute wie schlechte Lehrer. Das wissen wir alle. Doch oftmals lässt sich ohne Schulwechsel am Lehrer nichts ändern. Egal wie inkompetent Sie den Lehrer in der Schule halten, denken Sie sich Ihren Teil und unterstützen Sie auf gar keinen Fall die Meinung Ihres Schülers.

Wiegeln Sie Ihren Schüler auch nicht gegen Autoritäten auf! Warum? Stellen Sie sich dazu mal folgende Frage: Ist es sinnvoll Ihre Schüler in einer autoritären Welt gegen Autoritäten aufzuhetzen? Im Berufsleben wird zwar immer mehr Wert auf selbstständiges Arbeiten und flache Hierarchien gelegt, dennoch müssen Sie den Anweisungen Ihres Chefs später folgen, wenn Sie Ihren Job behalten wollen. Durch eine Antiautoritäre Herangehensweise erschweren Sie es dem Schüler sich in die Welt einzufügen, bereitwillig von erfahreneren Menschen zu lernen und Geduld zu beweisen.

1.11 Zusammenfassung

Die zehn Punkte dienen als Richtlinie für gute Nachhilfelehrer. Viele dieser Punkte lernt man erst in der Praxis richtig umzusetzen, denn oft ist es leichter gesagt als getan. Also lassen Sie sich nicht entmutigen, wenn es nicht sofort klappt.

Hier bekommen Sie alle zehn Punkte nochmal in der Übersicht:

1. Bleiben Sie locker!
2. Respektieren Sie Ihre Schüler!
3. Hören Sie aktiv zu!
4. Leiten Sie Ihre Schüler an!
5. Sie brauchen eine feste Stimme!
6. Setzen Sie kein Wissen voraus!
7. Seien Sie geduldig beim Lehren!
8. Sie brauchen Fachwissen!
9. Hart, aber gerecht!
10. Schweigen ist Gold!

2. Der Schüler

2.1 Kein Schüler ist wie der nächste

Der Schüler ist ein interessantes Wesen. Doch während wir in Dokumentationen über Löwen, alles über Löwen erfahren, könnten wir keine Dokumentation über Schüler machen, in der wir alles über Schüler erfahren. Der Mensch ist zu individuell. Jeder Schüler ist ein Unikat und braucht seine eigene höchstpersönliche Betreuung. Das klingt sehr exklusiv, muss es aber auch sein, um langfristig erfolgreich zu lehren.

2.1.1 Altersunterschiede

Wir schieben Menschen gerne in Schubladen. Doch bereits bei den Altersunterschieden kann das zu Herausforderungen führen. Denn 12 Jahre ist nicht gleich 12 Jahre. Man behauptet zwar immer Mädchen würden schneller reifen als Jungs, doch leider ist diese Aussage nicht hilfreich. Letztlich müssen Sie als Lehrperson das Alter Ihres Schülers einschätzen. Ich rede nicht vom tatsächlichen Alter, sondern vom gefühlten Alter. Nur weil jemand 16 Jahre alt ist und so aussieht, kann er sich trotzdem wie ein 12-Jähriger benehmen. Dementsprechend müssen Sie die Lehrmethode an den jeweiligen Schüler anpassen.

2.1.2 Leistungsunterschiede

Selbst wenn Sie in die Situation kommen zwei Schüler aus derselben Schule und Klasse in einem Ihrer Kurse zu haben, heißt das nicht zwangsweise, dass sie denselben Wissensstand haben. Man kann leicht der Verlockung nachgeben, beiden dieselben Aufgaben zu geben, obwohl sie unterschiedliche Schwächen haben. Vermeiden Sie diese Gleichstellung! Das Gleiche gilt für Schüler aus derselben Klassenstufe.

2.1.3 Die Chemie stimmt nicht

Selten kann es vorkommen, dass es einfach nicht passt. Sie erklären dem Schüler auf zehn verschiedene Weisen den Stoff und egal wie sehr Sie es versuchen, Sie kommen einfach nicht durch. Das kann auch bei Schülern, die Sie sehr nett finden, passieren. Sollte ein Gespräch zu keinem Ergebnis führen, sollten Sie den Fall mit der Leitung des Nachhilfeinstituts besprechen, um dem Schüler die Möglichkeit zu geben bei einem anderen Nachhilfelehrer zu lernen. Im Falle von privatem Einzelunterricht sollten Sie ein offenes Gespräch mit den Eltern suchen, um eine Lösung zu finden.

2.2 Fünf Problem-Stereotype

So unterschiedlich Menschen auch sein können, so gleich und wiederholt tauchen diverse Arten von Menschen immer wieder in unserem Leben auf. Das gilt auch für Schülertypen. Sie sollten nicht überrascht sein, denn das wiederholte Auftreten verschiedener Schülertypen macht es nach jedem Mal leichter diesen erneut entgegenzutreten. Sie werden den fünf Stereotypen immer mal wieder in den verschiedensten Ausmaßen begegnen. Jeder hat sowohl Vor- als auch Nachteile, die es zu beachten gilt. Manchmal können auch Mischungen dieser Typen vorkommen.

Bevor wir allerdings auf die Stereotypen zu sprechen kommen, ein paar Tipps vorneweg. Lassen Sie sich grundsätzlich nicht auf Kämpfe ein, denn Krieg gibt es nur, wenn zwei Parteien gegeneinander antreten. Eine Diskussion stört Ihren Kurs und führt zu nichts. Ihr Schüler bleibt uneinsichtig und trotzt noch mehr. Sagen Sie ihm was er zu tun hat und lassen Sie ihn danach im Regen stehen. Es wird einen Moment dauern, doch meist fängt er kurze Zeit später an zu arbeiten. Die meisten Schüler wollen kooperieren und dem Lehrer folgen, denn das ist bequemer und einfacher.

2.2.1 Der Schweigsame

Er gehört zu den beliebtesten und gleichzeitig unbeliebtesten Schülern. Während Sie am Anfang noch begeistert sind, wie still er ist, sind Sie spätestens nach der ersten Arbeit, die er trotz Ihrer Hilfe in den Sand gesetzt hat, überrascht. Wie konnte das passieren? Auch wenn er den Kurs nicht nachhaltig stört, meldet sich der Schweigsame nie zu Wort. Es ist nie klar, ob er etwas verstanden hat oder nicht. Er stellt keine Fragen und meldet sich nicht bei Problemen. Schnell vergisst man, dass er da ist und kümmert sich nicht weiter um ihn. Denn: Schweigen ist

Zustimmung. Falsch! Seien Sie vorsichtig! Auf den Schweigsamen müssen Sie ein besonderes Augenmerk legen. Verlieren Sie ihn nicht aus den Augen und stellen Sie besonders viele Fragen.

>>Nach der Erklärung<<
„Hast du das verstanden, Florian?"
„Ja!"

Wer sich mit dieser Antwort zufrieden gibt, lässt den Schüler im Stich. Achten Sie darauf offene (auch W-Fragen genannt) und keine geschlossenen Fragen (Fragen die man mit Ja oder Nein beantworten kann) zu stellen. Dadurch finden Sie leichter heraus, ob der Schweigsame es wirklich verstanden hat.

>>Nach der Erklärung<<
„Hast du das verstanden, Florian?"
„Ja!"
„Was musst du jetzt also machen?"

Dadurch zwingen Sie den Schüler Ihre Erklärung nochmal zu wiederholen, dass hilft einerseits die Erklärung zu verinnerlichen und andererseits hilft es Ihnen festzustellen, ob er verstanden hat, was sie gesagt haben. Haken Sie ruhig nochmal nach, wenn die Erklärungen des Schülers schwammig werden. Meist ist das schon das erste Indiz, dass er die Erklärung nicht richtig verstanden hat.

2.2.2 Der Kasper

Der Kasper ist mein persönlicher Favorit. Die meisten verbinden mit ihm nur Schlechtes, doch er hat unglaublich viele Qualitäten. Auf der einen Seite redet er viel, stört öfter Ihren Unterricht als andere und steht gerne im Mittelpunkt, auf der anderen Seite aber stellt er viele Fragen, ist sehr offen und mit dem richtigen Maß an Aufmerksamkeit leicht in den Griff zu bekommen. Sein vorlautes Verhalten soll Ihre Aufmerksamkeit auf ihn ziehen. Lassen Sie das nicht zu! Wenn er dazwischenredet, während Sie bei einem anderen Schüler sind, zeigen Sie ihm, dass Sie ihn gesehen haben und gleich kommen. Im Extremfall müssen Sie ihm bei einem Gespräch klarmachen, wo die Grenzen seines Verhaltens sind. Die schlimmste Strafe für ihn ist Aufmerksamkeitsentzug. Wenn Sie dem Kasper sagen, dass Sie ihn weniger beachten werden, wenn er sich nicht benimmt, kann das allerdings zu Trotz führen und er benimmt sich noch weniger als vorher. Lassen Sie ihm also Aufmerksamkeit zukommen, wenn er sich benimmt:

„Ich finde es gut, dass du so konzentriert gearbeitet hast."

Dadurch bekommt der Schüler ein Gefühl für richtiges Verhalten und wird angespornt dieses Verhalten zu wiederholen. Allerdings müssen Sie ihm dennoch die Benimmregeln klar und deutlich vermitteln.

„Benimm dich!"

Damit weiß niemand, was Sie wollen! Sagen Sie ihm genau was er machen soll.

„Bitte sei ruhig, denn die anderen können sich sonst nicht konzentrieren."

Eine Erklärung ist nicht immer notwendig, hilft aber oft.
Sollten Sie einen Störenfried haben, der die Nachhilfe als Ersatzbühne missbraucht, trennen Sie ihn von der Gruppe. Alleine ist er oft sehr umgänglich und arbeitsam.

2.2.3 Der Zweifler

Diesem Schüler werden Sie besonders oft begegnen, meist in Kombination mit einem der anderen Typen. Er scheut vor jedem Schritt nach vorne zurück, wird sich bei jedem Strich, den er macht, bei Ihnen absichern wollen und wirkt dauerhaft verzweifelt und verunsichert. Seine Begründung:

„Ich möchte es ja nicht doppelt machen." oder
„Ich habe Angst Fehler zu machen."

Meist gibt es keinen Grund dafür, da der Zweifler den Stoff besser beherrscht, als er selbst glauben will. Die größte Gefahr besteht hier, sich von dem Schüler komplett vereinnahmen zu lassen und ehe Sie sich versehen, haben Sie die Aufgabe für den Schüler erledigt. Das

Stichwort ist: Selbstständigkeit. Sagen Sie ihm klar und deutlich, dass Sie erst kommen, wenn die Aufgabe komplett erledigt ist. Danach können Sie Fragen, wie

„Ist das richtig, so?"

komplett ignorieren. Sollte es zu einem Störfaktor in Ihrem Kurs werden, müssen Sie es unterbinden. Der Schüler muss lernen von Anfang bis Ende durchzuarbeiten. In einer Klassenarbeit sitzen Sie schließlich auch nicht neben Ihrem Schützling. Er muss lernen sich selbst und seinen Fähigkeiten zu vertrauen. Bestätigen Sie dem Zweifler seine Fähigkeiten und loben Sie ihn oft für richtige Aufgaben. Lenken Sie seine Aufmerksamkeit auf die positiven Punkte: Weniger Fehler, alles richtig, Verbesserungsvorschläge angenomen etc. Die negativen Punkte erkennt er schon von selbst.

In einem besonders hartnäckigen Fall, musste ich mir Woche für Woche folgenden Satz aus voller Überzeugung anhören:

„Ich kann nichts!"

Marlene, ein Kind geschiedener Eltern, die bei ihrer Mutter lebt, ist die Mischung aus Kasper und Zweifler. Zuhause bekommt sie wenig Aufmerksamkeit von ihrer hart arbeitenden Mutter und ihr Vater war zwar einsichtig, konnte aber, wegen des Rosenkriegs kaum etwas durchsetzen. Diese Faktoren mündeten wohl in die Kasper–Zweifler-Kombination. So traurig diese Geschichte ist, können wir an diesen Faktoren nichts ändern. Also habe ich ihr Woche für Woche klar gemacht zu was sie fähig ist, was für überragende Eigenschaften sie besitzt und was sie bei mir bereits alles gelernt hat. Dennoch ließ sie nicht davon ab „Ich kann nichts!" aus voller Überzeugung zu sagen und sich gegen die Aufgaben zu stellen. Doch nach monatelanger Arbeit wurde aus einem sehr überzeugten „Ich kann nichts!", ein sehr schwaches, nicht überzeugendes und gewohnheitsmäßiges „Ich kann nichts!". Sie fing direkt danach an, ohne zu murren, die Aufgaben zu bearbeiten. Letztlich sollen wir auch darauf achten, wie unsere Schüler etwas sagen und wie sie reagieren. Marlene hat nach all der Zeit eingesehen, wenn auch nur unterbewusst, dass sie zu etwas fähig ist. Deshalb seien Sie geduldig und stetig wie ein Fluss, der den Stein über Jahrhunderte formt.

2.2.4 Der Faule

Je nach Ausprägung kann der Faule der schwierigste Schüler sein. Er hat meistens keine Lust, es ist schwer ihn zu motivieren und selbst Erfolge lassen ihn kalt. Lassen Sie sich nicht dazu hinreißen zum Bittsteller zu mutieren.

„Bitte, bitte mach diese Aufgabe!"

Erstens funktioniert das nicht und zweitens verlieren Sie Ihre Autorität und die Kontrolle. Der faule Schüler weiß genau, wie man Arbeit vermeidet. Er fragt mehrfach, ob er aufs Klo gehen darf, sich etwas zu trinken holen kann oder beginnt einfach seine Hausaufgaben in der

Nachhilfe zu machen, um Extraarbeit zu Hause aus dem Weg zu gehen. An dieser Stelle sei gesagt, wenn Hausaufgaben nicht explizit Teil der Nachhilfe sein sollen, sollen die Schüler sie auch Zuhause bzw. alleine anfertigen. Sie können ihn gerne fragen, ob er gerade seine Hausaufgaben macht, aber, um Lügen zu vermeiden, können Sie ihm einfach eine Aufgabe geben, die Sie für ihn aussuchen. Durch sein scheinbar selbstständiges Arbeiten versucht der Faule besonders eifrig auszusehen. Enttarnen Sie es schnellstmöglich und lassen Sie sich keinen Bären aufbinden. Eine weitere Vermeidungstaktik ist besonders langsam zu arbeiten und dabei sehr oft auf die Uhr zu gucken. Der Blick auf die Uhr verrät Ihnen sofort, dass er sich langweilt und schneller arbeiten könnte. Geben Sie ihm ein Zeitlimit und setzen Sie ihn unter Druck. Ohne Druck wird er nicht arbeiten. Ein weiteres Mittel um ihn zu motivieren ist: Angst. Es ist keins der schönsten Mittel, doch später mehr dazu. Angst ist wie ein Jäger und kann ihn antreiben. Sprechen Sie lauter als gewöhnlich, üben Sie Druck aus, denn sonst wird er vor sich hinträumen und auf das Ende der Stunde warten. Er will Ärger vermeiden und aus dem Weg gehen, denn Ärger bedeutet mehr Arbeit. Deshalb sollten Sie auch mit der Leitung des Nachhilfeinstituts bzw. mit den Eltern abklären, dass nicht gemachte Aufgaben allein Zuhause erledigt werden müssen, damit der Schüler sich nicht vor der Arbeit drücken kann.

Sebastian ist ein Meister der Vermeidung. Er kam fast nie, hatte immer neue Ausreden parat und hatte seine Eltern durch seine Mitleidstour voll im Griff. Er hat sich beim Schreiben keine Mühe gegeben und dadurch war seine Schrift unlesbar. Sebastian war einer der extremsten Fälle von Faulheit, die mir untergekommen sind. Wenn er eine

DIN-A4 Seite schreiben sollte, schrieb er größer, um die Seite schneller vollzubekommen. Teilweise sogar über mehrere Zeilen. Seine einzige Motivation war Angst. Ich hatte alle Motivatoren ausprobiert, doch letztlich bin ich bei Angst hängen geblieben. Er arbeitete schneller, wenn auch nicht sauberer und dadurch war arbeiten überhaupt erst möglich. Wenn er gearbeitet hat, hat er ordentliche Ergebnisse abgeliefert. Einer Sache müssen Sie sich beim Faulen stets bewusst sein:

Ein guter Schüler lernt auch bei einem schlechten Lehrer, aber ein schlechter Schüler lernt bei keinem Lehrer.

2.2.5 Der Puppenspieler

Dieser Schülertyp ist die gefährlichste Sorte, der Sie begegnen können. In seiner Reinform geht er über Leichen, verkauft seine eigene Großmutter und scheut nicht davor zurück Ihr berufliches oder gar Ihr privates Leben zu zerstören. Zum Glück kann ich an dieser Stelle bereits sagen, dass Sie diesen Schülertypen in seiner Reinform so gut wie nie antreffen. Der Puppenspieler ist ein Manipulator und spielt die Karten immer zu seinen Gunsten aus. Er versucht Sie zu kontrollieren. Lassen Sie sich auf dieses Spiel unter gar keinen Umständen ein! Denn ein Spiel, das Sie nicht mitspielen, können Sie nicht verlieren.

Meist fängt es mit Kleinigkeiten an.

„Ich habe kein Papier dabei. Könnten Sie mir mal welches holen?"

Der Schüler ist selbst für sein Arbeitsmaterial verantwortlich. Schicken Sie ihn also zur Leitung oder seinen Eltern, wo er es sich selbst besorgen muss. Dadurch erfahren andere von seinem Versagen. Denn das ist was er am meisten zu vermeiden sucht. Er will unter gar keinen Umständen als Versager dastehen. Doch wenn nur Sie Zeuge sind, kann er Ihre Worte und Ihre Gesichtsausdrücke bei anderen auslegen, wie er möchte. Im Extremfall dichtet er Ihnen auch Dinge an, die Sie nie getan oder gesagt haben. Seien Sie vorsichtig! Verlieren Sie nicht die Fassung! Er will Sie aus der Ruhe bringen, reizen und zu Schlimmerem anstacheln. Kommunikation ist Ihre Waffe. Reden Sie mit der Leitung oder den Eltern, sobald Sie ihn enttarnt haben oder einen Verdacht hegen. Ein weiteres Mittel ist Freundlichkeit. Niemand kann etwas gegen Freundlichkeit tun oder sagen. Bleiben Sie aber trotzdem bestimmt! Lassen Sie keinen Hanswurst aus sich machen!

Lassen Sie sich nicht auf die Bedingungen des Puppenspielers ein, denn dadurch gewinnt er Macht über Sie:

„Ich mache jetzt diese Aufgabe. Ok?"

>>Hier gibt es nur eine Antwort<<

„Nö, du machst die hier!"

Lassen Sie sich nur bei vertrauenswürdigen Schülern auf deren Bedingungen ein. Das schafft Vertrauen. Der Puppenspieler hingegen versucht meist seine Hausaufgaben bei Ihnen zu erledigen oder Aufgaben nach seinem Geschmack zu machen. Sollte der Puppenspieler merken, dass er bei Ihnen nicht weiterkommt, wird er sich an die nächst höhere Instanz wenden: die Leitung oder die Eltern.

Dabei werden Ihnen Worte im Mund herumgedreht, Gesichtszüge im schlechtesten Sinne interpretiert etc. Suchen Sie hier das offene Wort mit der Leitung oder den Eltern. Klären Sie Missverständnisse auf, erklären Sie dem Puppenspieler Ihre Gesichtsausdrücke und wählen Sie Ihre Worte bewusst. Vielleicht ist alles nur ein Missverständnis.

Aber meist ist das Ziel des Puppenspielers seinen eigenen Willen zu bekommen. Er versucht nicht nur Sie zu kontrollieren, sondern seine gesamte Umgebung. Denn selbst, wenn Sie sich nicht kontrollieren lassen, wird er alles tun um seine oder Ihre Umwelt so zu verändern, damit er es kann. Denn für den Puppenspieler sind immer die anderen schuld. Einsicht ist ein Fremdwort. Auch Sebastian der Faule, war ein Puppenspieler, der seine Eltern im Griff hatte, weswegen er nur einmal die Woche kam. Außerdem nutzt der Puppenspieler seine Reize schamlos aus, um zu bekommen was er will. Sei es eine hübsche Schülerin oder ein hübscher Schüler. Lassen Sie sich nicht einlullen! Gerade für Männer gilt, wenn Sie stehen und auf eine Schülerin mit Ausschnitt herabschauen, kann das schnell den Eindruck erwecken oder so ausgelegt werden, Sie würden hineinschauen. Setzen Sie sich ihr gegenüber und schauen Sie ihr in die Augen, dadurch vermeiden Sie Missverständnisse. Wenn der Puppenspieler nicht bekommt was er will, fängt er ein gefährliches Spiel an zu spielen. Entweder durch weitere Manipulationen oder die Verzweiflung treibt ihn zu einem Wutanfall. Zeigen Sie durch Geduld, Freundlichkeit und Bestimmtheit, dass Sie der Stärkere sind.

Sollten Sie den Respekt eines Puppenspielers gewinnen, kann er zu Ihren Gunsten arbeiten und die Schüler in Ihrem Kurs auf Ihre Seite ziehen. Puppenspieler sind also nicht immer nachteilig.

2.3 Zusammenfassung Stereotype

Es gibt noch viele weitere Stereotype, die Sie in verschiedensten Stärken antreffen werden. Oft auch in Kombination. Die genannten Problem-Stereotype werden Sie nicht andauernd antreffen. Zum Glück! Es gibt auch viele vorteilhafte Stereotype: Der Lernwillige, der Aufmerksame, der Freundliche, der Begeisterte, der Bewunderer, der Ehrgeizige, der Motivierte, der Träumer, der Zuversichtliche, der Fürsorgliche, der Selbstbewusste, der Sympathische, der Zuverlässige, und und und. Für diese Schüler lohnt es sich allemal Nachhilfe zu geben.

Abhängig vom Standort an dem Sie Nachhilfe geben, wird es mal mehr Lernwillige und mal weniger geben. Die meisten Schüler sind umgänglich und angenehm. Auch wenn Sie mal erfahren sollten, dass einer Ihrer Schüler eine schwierige Familiengeschichte hat, bedeutet das nicht automatisch, dass er Ihnen das Leben zur Hölle macht. Menschen sind unterschiedlich! Manche zerbrechen unter der Last und manche gehen stärker daraus hervor. Ihre Aufgabe ist es, ihnen schulisch den richtigen Weg zu weisen.

Eins sollte Ihnen dennoch bewusst sein. Sie werden es nicht bei allen schaffen. Es gibt einen sehr kleinen Anteil an Schülern, die komplett beratungsresistent und hoffnungslos sind. Denken Sie daran: Sie können nur tun was in Ihrer Macht steht, aber diese sollten Sie auch zur Gänze nutzen.

Hier sind die 5 Stereotype nochmal zusammengefasst:

Der Schweigsame

Pro

Stört nicht

Kontra

Stellt keine Fragen bei Problemen

Lösung

Stellen Sie ihm viele Fragen

Der Kasper

Pro

Sehr offen, stellt viele Fragen

Kontra

Redet viel, stört oft, steht gern im Mittelpunkt

Lösung

Grenzen aufzeigen, Aufmerksamkeitsentzug, von der Gruppe trennen, mit dem Rücken zum Fenster, Ablenkung vermeiden

Der Zweifler

Pro

Kann sehr viel

Kontra

Braucht für jeden Schritt Bestätigung

Lösung

Selbstvertrauen aufbauen, Selbstständigkeit lehren und Geduld

Der Faule

Pro

Arbeitet gut unter Druck

Kontra

Vermeidet Arbeit, schwer zu motivieren

Lösung

finden Sie einen Weg ihn zu motivieren, im Extremfall durch Angst

Der Puppenspieler

Pro

Liebenswert und freundlich, kann andere Schüler auch zu Ihren Gunsten manipulieren

Kontra

Manipuliert und kontrolliert seine Umwelt

Lösung

Freundlichkeit, Bestimmtheit, Kommunikation mit Außenstehenden und viel Geduld

2.4 „ Krankheiten"

LRS (Lese-Rechtschreib-Schwäche), Legasthenie und Dyskalkulie. Diesen drei „Lernkrankheiten" können Sie begegnen. Vorab eine kleine Geschichte:

Ich hatte mal eine Schülerin mit Dyskalkulie. Karina ist aber gezielt gegen Ihre Schwäche vorgegangen. Nach etwa einem Jahr traf ich sie wieder und sie erzählte stolz, dass sie Klassenbeste in Mathe ist. Karina hatte bereits in der Vergangenheit großes Verständnis für Textaufgaben gezeigt und hatte eine ungefähre Ahnung wie sie vorgehen soll. Als dann der Taschenrechner in der Schule eingeführt wurde, waren ihre Rechnungen weniger fehleranfällig und damit hatte sie es zur Klassenbesten geschafft. Die Grundrechenarten ohne Taschenrechner zu lösen, war zwar noch immer eine Herausforderung, aber lange nicht mehr so sehr wie am Anfang. Karina ist der beste Beweis dafür, dass man sich seinem Schicksal nicht ergeben sollte.

Diese Geschichte soll zeigen: Die sogenannten Lernkrankheiten sind kein Schicksal dem sich Schüler ergeben sollten, sondern ein Grund härter zu kämpfen als alle anderen. Machen Sie Ihren Schülern das klar. Die Lernkrankheiten werden als Ausrede genutzt Dinge nicht zu tun. Sebastian, den wir bereits kennen, hatte auch noch LRS. Deswegen weigerte er sich ein Diktat mitzuschreiben. Fehler! Er müsste mindestens doppelt so viele schreiben, jeden Fehler verbessern und ein und dasselbe Diktat immer und immer wieder üben, bis es fehlerfrei ist. Die Lernkrankheiten sind eine nette Ausrede, doch Ausreden lösen keine Probleme. Ein späterer Arbeitgeber wird sich herzlich wenig für irgendeine Lernkrankheit interessieren, sofern Ihr Schüler keinen Behindertenausweis deswegen ausgestellt bekommt.

Auch Eltern möchte ich auf etwas hinweisen. Wenn Sie für eines Ihrer Kinder eine solche Prognose bekommen, dann ist das kein Grund aufzuatmen und dem Kind einzureden, dass es das nie und nimmer lernen kann. Denn genau das Gegenteil ist der Fall, dass Kind kann trotz der „Krankheit" die entsprechende Herausforderung bestehen, doch es muss dafür 4-5mal so viel lernen wie ein „gesundes" Kind. Sie dürfen sich also nicht zurücklehnen und auf der „Krankheit" ausruhen.

3. Der Nachhilfeunterricht

Der Nachhilfeunterricht verbindet die bereits genannten Elemente Nachhilfelehrer und Schüler und wird um die Komponente Lehren ergänzt. Zur Nachhilfe gehören viele kleine Unterpunkte, um den Unterricht erfolgreich zu gestalten. Als Nachhilfelehrer haben Sie viele Möglichkeiten Ihren Schülern unter die Arme zu greifen, lernen müssen diese aber selbst. Nachhilfe macht etwa 25% des Lernens aus. D.h. 75% Leistung müssen vom Schüler kommen. Einige Schüler sind der Meinung, die Anwesenheit in einem Nachhilfeinstitut oder die Anwesenheit eines privaten Nachhilfelehrers würde ausreichen um klüger zu werden. Machen Sie dem Schüler klar, dass dies niemals der Fall sein wird. Wenn der Schüler nichts macht, haben wir dasselbe Problem wie mit dem Faulen. Sie werden es nicht schaffen einen Schüler der auf 5 steht, einmal die Woche für anderthalb Stunden Nachhilfe hat, nie Hausaufgaben macht und sonst eher teilnahmslos sein Schulleben passieren lässt, auf eine 1 zu bringen. Schlagen Sie sich diesen Gedanken aus dem Kopf. Sie als Nachhilfelehrer müssen lernen kleine Erfolge zu sehen. Sollte Ihr Schüler es auf eine 3 schaffen trotz der genannten anhaltenden Probleme, wären Sie der beste Nachhilfelehrer den es je gegeben hat. Sie müssen an diesen Job realistische Erwartungen haben. Eine 1 ist nicht jedermanns Ziel. Deswegen müssen Sie mit dem Schüler über seine Ziele reden und darüber was er tun muss, um diese zu erreichen.

3.1 Der Unterschied: Unterricht gegen Nachhilfe

Es gibt ein paar entscheidende Unterschiede zwischen dem Schulunterricht und dem Nachhilfeunterricht. Erstens stehen Sie in Gruppenkursen einer extrem heterogenen Klasse gegenüber. Sie sind verschiedenen Alters, kommen von unterschiedlichen Schulen, benutzen unterschiedliche Bücher, lernen unterschiedlichen Stoff, kommen aus unterschiedlichen Klassen, sind vollkommen unterschiedliche Menschen… Diese Liste könnte noch ewig weitergehen. Sie müssen sich auf jeden Schüler individuell einstellen. Bei einer maximalen Gruppengröße von 5 Schülern ist das ohne weiteres möglich. Im Schulunterricht hat man meist Klassen zwischen 20 und 30 Schülern. Eine individuelle Behandlung der Schüler kann hier schon mal untergehen.

Zweitens laufen die Uhren in der Nachhilfe anders. Während in der Schule der Stoff immer weiter vorangehen muss und kaum Zeit bleibt auf langsame Schüler Rücksicht zu nehmen, haben Sie in der Nachhilfe die Möglichkeit und die Pflicht Stoff, der sogar mehrere Jahre zurückliegen kann, zu behandeln. Die heutigen Schwächen der Schüler stammen meist aus Versäumnissen der Vergangenheit. Ist das Fundament brüchig, stürzt das Haus irgendwann ein.

Drittens gibt es keinen Notendruck. Das kann sowohl ein Vorteil als auch ein Nachteil sein. Der eine Schüler braucht den Druck zum Lernen, den anderen hemmt er. Zusätzlich fehlt Ihnen dieses Mittel in der Nachhilfe, um den Schüler zu belohnen oder zu bestrafen. Das erschwert bzw. vereinfacht, je nach Situation und Schüler, Ihre Position.

Viertens Zeitdruck. In der Schule müssen ständig Hausaufgaben gemacht sein und die Schüler müssen sich auf die nächste Klassenarbeit vorbereiten. Diesen Zeitdruck haben Sie in reduziertem Maße in der Nachhilfe. Selbstverständlich müssen Sie Ihre Schüler auf die nächste Klassenarbeit vorbereiten, doch Sie sind nicht gezwungen, sich am aktuellen Stoff zu orientieren, wenn dieser zu schwer ist. Sie können Zeitdruck jedoch künstlich erschaffen, indem Sie Ihren Schülern ein Zeitlimit für bestimmte Aufgaben setzen. Gerade Trödlern hilft diese Methode ein besseres Zeitgefühl zu bekommen.

Als letztes ist zu erwähnen, dass Sie sich nicht auf Ihren Unterricht vorbereiten können. In der Schule wissen Sie genau, was Sie als nächstes unterrichten werden und passen Ihre Stundenplanung entsprechend an. In der Nachhilfe wissen Sie selten was auf Sie zukommt und müssen direkt auf die gegebene Situation reagieren. Umso besser Sie Ihre Schüler kennenlernen, desto besser verstehen Sie was Sie mit Ihren Schülern als nächstes lernen müssen. Weshalb mit zunehmender Erfahrung dieser Punkt kein Problem mehr darstellt.

Hier sind die Unterschiede nochmal in einer Tabelle:

	Schule	Nachhilfe
Heterogene Klassen	Heterogen 20-30 Schüler pro Klasse	Heterogener als in der Schule Max. 5 Schüler pro Kurs
Lernstoff	Geht immer weiter voran, ohne Rücksicht auf Verluste	Kann flexibel und individuell auf den Schüler abgestimmt werden
Notendruck	Ja	Nein
Zeitdruck	Stark	Mittel
Vorbereitungszeit für den Lehrer	Genug Zeit zum Vorbereiten	Kaum Zeit zur Vorbereitung

3.2 Regeln

Wenn eine Welt ohne Regeln funktionieren würde, hätten wir keine Gesetze, alle würden sich verstehen und wir bräuchten keine Schlösser an der Tür. Leider ist das Utopie und der Mensch hat in der Geschichte mehr als einmal bewiesen, dass es ohne klare Regeln, die uns schützen, nicht geht.

Regeln geben uns Sicherheit. Dasselbe gilt für Ihren Nachhilfeunterricht. Die Schüler sind entspannter, wenn Sie wissen was sie dürfen und was nicht. Keine Regeln wiederrum kosten Sie wertvolle Zeit. Sie sind damit beschäftigt Ihre Schüler mehrfach für ein und dieselbe Sache zu ermahnen. Wenn die Regeln von Anfang an klar sind, weiß jeder wie er sich zu verhalten hat. Es wird immer Schüler geben, die die Grenzen austesten wollen, doch das müssen Sie schon im Ansatz unterbinden.

Folgende Regeln können Sie in Ihren Nachhilfeunterricht aufnehmen:

Kein Dazwischenreden! Sie sind der Lehrer und wenn Sie reden hat der Rest oder der Schüler, an den Sie sich wenden, zuzuhören.

Gleiches gilt für Schüler, die anderen Schülern, den Stoff erklären, wenn Sie nicht explizit dazu aufgefordert haben. Die Gründe dafür sind vielfältig:

- Es stört den Kurs.
- Ein anderer Schüler (der der erklärt) wird von seiner eigenen Arbeit abgelenkt.
- Der selbsternannte Lehrer vermittelt falsches Wissen.
- Der hilfesuchende Schüler bekommt eine fertige Lösung präsentiert und musste selbst nichts mehr denken.

Machen Sie Ihren Schülern den Unterschied zwischen Lehrer und Schüler klar.

Im Weiteren sind Smartphones verboten! Jede Ablenkung erschwert es dem Schüler zurück in die Aufgabe zu finden, die er gerade bearbeitet. Vibration ist keine Alternative! Auch nicht lautlos auf dem Tisch, da die meisten Smartphones bei Empfang von WhatsApp und Co.

anfangen zu blinken. Haben Sie keine Angst dem Schüler das Smartphone wegzunehmen und es der Leitung zu geben. Ein gerichtliches Urteil in Berlin im Mai 2017 hat bestätigt, dass es keine Verletzung der Grundrechte ist, einem Schüler sein Smartphone wegzunehmen[3]. Nach Ende der Stunde kann sich der Schüler sein Eigentum schließlich wieder holen.

Zum Thema Hausaufgaben: Grundsätzlich soll der Schüler seine Hausaufgaben alleine machen. Sollte er die Hausaufgabe überhaupt nicht verstehen, dann besprechen Sie diese mit ihm und bearbeiten maximal (in Mathematik ist das möglich) eine Aufgabe für das Verständnis mit ihm oder (in Deutsch) erarbeiten Sie z.B. eine Musterinhaltsangabe oder die Merkmale einer Inhaltsangabe zusammen, damit der Schüler weiß, was er Zuhause tun muss. Sollte er gelogen haben gibt er schnell auf. Sollte er es wirklich nicht verstanden haben, wird er zufrieden sein. Nachhilfe ist zusätzlicher Lernaufwand und soll nicht die Hausaufgabenzeit ersetzen. Letztlich soll er besser werden und nicht zum ersten Mal in seinem Leben seine Hausaufgaben machen. Dafür ist er selbst verantwortlich.

Die Regeln im Überblick:

- Kein Dazwischenreden
- Kein anderer, außer der Lehrkraft erklärt den Stoff
- Smartphone Verbot
- Hausaufgaben nur bei völligem Unverständnis

---

[3] (test.de 2017)

3.3 Selbstbewusstsein

Es ist auffällig, dass viele Schüler mehr wissen als sie von sich selbst denken. Die eigene Selbsteinschätzung ist meist ausgesprochen schlecht. Gerne dürfen Sie Ihre Schüler fragen, wie sie sich selbst einschätzen. Sie werden überrascht sein.

Doch wie können wir das verborgene Potential aus diesem Schüler herausbekommen? Die Antwort ist: Selbstbewusstsein aufbauen. Ich behaupte, dass die meisten Nachhilfeschüler keine Nachhilfe brauchen. Was sie wirklich brauchen, ist ein Coach, der Ihnen sagt was sie können und auf ihre Stärken aufmerksam macht. Sie sind dieser Coach. Zeigen Sie Ihren Schülern deren Stärken und sorgen Sie dafür, dass Sie positiv über sich selbst und ihre Zukunft denken. Die richtige Motivation hilft, doch später mehr dazu. Hauptaufgabe ist es Ihre Schüler zu mehr zu ermutigen. Die meisten wissen bereits was sie falsch machen und woran sie arbeiten müssen. Fragen Sie danach!

„Woran liegt's?"

Mehr braucht es nicht. Allerdings treffen Sie auch auf Schüler, die antworten:

„Ich kann gar nichts! Ich bin schlecht! Deswegen bin ich hier!"

Stellen Sie diesen Schülern einfache Aufgaben. Wenn Sie richtig gelöst sind, seien Sie ruhig überrascht:

„Ich dachte, du kannst gar nichts? Das stimmt ja gar nicht!"

Hier entspannen sich die meisten Schüler und fangen an zu begreifen, dass sie doch etwas können. Auch wenn es nur ein bisschen ist.

In einem ganz schwierigen Fall hat ein solcher Schüler mal meinen ganzen Kurs in eine Depression gebracht.

Lorenz sagte:

„Ich kann gar nichts! Ich bin schlecht! Deswegen bin ich hier!"

Marlene erwiderte:

„Ja, ich auch!"

Anton meinte:

„Ich erst recht."

Und Jonas sagte:

„Ich sowieso!"

Anton sagte darauf:

„Wir sind eben dumm, deswegen sind wir hier!"

Die anderen nicken.

Die Stimmung im Raum war hoffnungslos, denn die Schüler empfinden Nachhilfe als Erniedrigung ihrer eigenen Fähigkeiten.

Also antwortete ich ihnen:

„Ihr seid schlau, dass ihr hier seid! Von all euren Mitschülern seid ihr die Mutigsten, denn ihr steht zu euren Fehlern. Das ist schwer. Ihr habt es trotzdem gemacht!"

Danach habe ich in allen Gesichtern Überraschung und wieder ein Lächeln gesehen.

Deswegen beweisen Sie Ihren Schülern, dass Nachhilfe nicht erniedrigend, sondern genau das Gegenteil ist.

Aus dieser Geschichte wird auch klar, dass Nachhilfe keine fehlerfreie Zone ist. Fehler sind erlaubt und erwünscht. Ihre Schüler sollen das wissen. Sagen Sie es Ihnen! Denn die Angst vor Fehlern hemmt ihr eigenes vorankommen und bevor ein Schüler etwas Falsches schreibt, schreibt er lieber nichts. Doch das hilft Ihnen bei Ihrer Fehleranalyse nicht weiter und Ihrem Schüler auch nicht. Manchmal müssen Fehler bis zum Ende gemacht werden, denn wer so viel Arbeit in einen Fehler investiert hat, wird dazu tendieren ihn kein zweites Mal zu wiederholen. Denn aus Fehlern lernt man.

3.4 Motivation

Die Motivation ist der Dreh- und Angelpunkt Ihres Nachhilfeunterrichts. Selbst Schüler, die topmotiviert sind, haben mal einen schlechten Tag. Dann liegt es an Ihnen sie zu motivieren. Bei guter Vorarbeit reduziert sich langfristig gesehen die Zeit, die Sie in die Motivation Ihrer Schüler stecken. Sie, als Lehrkraft, werden auch mal einen schlechten Tag haben und dann können Sie auf diese Vorleistung bauen. Motivation ist wie Karma: Ein Bumerang. Was wir wegwerfen, kommt auch irgendwann zurück. Oder: Wir ernten, was wir säen.

3.4.1 Vier Motivatoren für Schüler

Die positiven Motivatoren

Neugier: Mit Neugier können Sie Schüler bis zur sechsten Klasse motivieren. Jüngere Schüler lassen sich eher darauf ein als Jugendliche oder Pubertierende. Jüngere tendieren dazu Erwachsene bzw. Autoritätspersonen im Verhalten zu spiegeln. Nutzen Sie das!

Sie können Ihre Schüler z.B. herausfordern:

„Ich bin mal gespannt, ob du das kannst!"

Sagen Sie das allerdings nur, wenn Sie sich sicher sind, dass Ihr Schüler die entsprechende Aufgabe beherrscht. Erstens wollen Sie ein Erfolgserlebnis und zweitens wollen Sie den Gedanken zum selbstständigen Ausprobieren pflanzen. Sie wollen also die Neugierde auf die eigenen Fähigkeiten fördern.

Sie können den Schüler neugierig fragen:

„Wie geht das?" oder „Und was muss ich dann machen?"

Dadurch tauschen Sie Lehrer- und Schülerposition und der Schüler erklärt sich die Aufgabe selbst. Das zweite Ziel ist den Schüler dazu zu bringen, sich selbst, wenn er alleine ist, ebenfalls diese Frage zu stellen.

Geltungsbedürfnis: Jeder Mensch hat das Bedürfnis anderen zu Gefallen. Der eine mehr, der andere weniger. Das können die verschiedensten Personen sein: Eltern, Lehrer, Nachhilfelehrer, andere

Schüler, Freunde, Geschwister…

Wir sind alle Individuen, wollen aber dennoch einer Gruppe angehören, der wir gefallen wollen. Dieser Umstand kann von Vorteil, aber auch von Nachteil sein. Geltungsbedürfnis können Sie nicht heranzüchten. Doch mit der richtigen Prise Respekt können Sie dafür sorgen, dass Ihre Schüler von Ihnen wahrgenommen werden wollen. In den falschen Freundeskreisen kann sich das Geltungsbedürfnis in die andere Richtung entwickeln. Keine Hausaufgaben machen und nicht lernen ist cooler. Zeigen Sie Ihren Schülern, wie wichtig jeder einzelne von Ihnen für Sie ist. Damit gewinnen Sie sie mit viel Ausdauer zurück.

Lernziele: Genauso wie Erwachsene sich Ziele im Leben setzen, können das auch Schüler im Schulleben.

Hier eine kleine Übersicht der Möglichkeiten:

- Beruf: Das Ziel einen bestimmten Beruf später ausüben zu können.
- Noten: Das Ziel bessere Noten zu schreiben.
- Anerkennung durch andere: Das Ziel von anderen durch erbrachte Leistung gelobt und wahrgenommen zu werden.
- Mehr Wissen: Das Ziel mehr Wissen anzuhäufen.
- Weniger Lernen müssen: Das Ziel in Zukunft weniger lernen zu müssen.

Je nach Alter funktionieren manche Ziele besser und manche schlechter. Grundschüler brauchen Sie nicht mit dem beruflichen Ziel zu locken. Im Regelfall funktioniert das nicht, da dieses Ziel in zu weiter Ferne für sie liegt. Bessere Noten sind da schon besser. Mit Grundschülern können Sie auch einen Wettbewerb gestalten, wer die meisten Arbeitsblätter bearbeitet. Allerdings müssen Sie hier darauf achten, dass sauber und richtig gearbeitet wird, bzw. die Aufgaben im Nachhinein richtig verbessert werden.

Egal welchen Schüler aus welcher Klassenstufe Sie vor sich haben, die Absicht von Zielen muss konkretisiert werden. Ein Ziel wie

„Ich will mal reich werden!" oder

„Ich will bessere Noten schreiben!"

ist zu allgemein. Besser sind Ziele wie

„Ich will Arzt/Bankkaufmann/Lehrer werden!" oder

„Ich will eine 3 im Zeugnis!"

Dadurch hat der Schüler ein konkretes Ziel vor Augen, auf welches er hinarbeiten kann.

Die negativen Motivatoren

Angst: Dieses Thema hatte ich bereits angesprochen. Langfristig ist Angst keine Lösung. Sie kann kurzfristig wirken, aber wird sich langfristig negativ auf das Lernverhalten auswirken. Angst kann durch verschiedene Arten wirken. Es ist nicht allein die Angst vor dem Lehrer, sondern die Angst sitzenzubleiben, die Schule wechseln zu müssen, die Freunde zu verlieren, nicht genug gelernt zu haben, die Eltern/den Lehrer zu enttäuschen, keinen guten Abschluss zu machen, keinen Job zu finden...

Jeden Schüler treibt eine andere Angst an. Es gibt Schüler, die blockieren bei Angst komplett. Bei diesen Menschen sollten Sie Angst als Motivator niemals einsetzen. Gleichzeitig kann es sein, dass Ihr Schüler nur bei bestimmten Ängsten blockiert. Z.B. die Angst vor Ihnen als Person kann komplett blockieren, aber die Angst sitzenzubleiben kann denselben Schüler für den Moment zu Höchstleistung antreiben. Sprechen Sie diese Ängste gezielt an oder fragen Sie Ihre Schüler nach ihren Ängsten, um sie gezielt zu anzuspornen und ihnen dabei zu helfen Ihre Ängste zu überwinden.

3.4.2 Zusammenfassung Motivatoren

In diesem Kapitel haben Sie vier verschiedene Motivatoren kennengelernt. Einige können oder müssen Sie in den Schülern fördern, andere wiederrum befinden sich bereits in den Schülern. Hier nochmal alle vier auf einen Blick:

- Neugier
- Geltungsbedürfnis
- Lernziele
- Angst

3.4.3 Wer schreit verliert, aber…

Zusätzlich zu den positiven Motivatoren, gibt es auch schlechte. Schreien zählt definitiv dazu.

Wie es in den Wald hineinruft, so schallt es auch hinaus. Dieses deutsche Sprichwort sollte Ihnen im Gedächtnis bleiben, denn jedes Mal, wenn Sie schreien, verlieren Sie ein bisschen den Respekt Ihrer Schüler. Am Ende hört niemand mehr auf Sie und Sie machen sich lächerlich. Schreien nutzt sich nämlich ab. Am Anfang mag es noch ein Schock sein, aber irgendwann ist es zu erwarten und zählt zur Routine. Kurzfristig mag schreien einen Effekt erzielen, aber langfristig wird es nutzlos. Gleichzeitig verschlechtern Sie das Lernklima im Kurs bzw. bei Ihrem Schüler. Im schlimmsten Fall ist ein Weiterarbeiten nicht mehr möglich. Man sagt nicht umsonst die Kontrolle verlieren. Sie verlieren nicht nur die Kontrolle, sondern auch den Respekt und ihr Ansehen. Kurzum Sie sind ein Verlierer. Schreien beweist die eigene Unfähigkeit mit der Situation umzugehen. Sie zeigen also, dass Sie vollkommen überfordert sind. Warum also „aber" in der Überschrift des Kapitels? Sie sind auch nur ein Mensch! Irgendwann haben wir alle genug und es kann nicht nur Gewinner auf der Welt geben. Wenn es ungerechtfertigt war, dürfen Sie sich gerne bei Ihren Schülern entschuldigen. Das zeigt Größe. Ansonsten überlegen Sie sich wie Sie solche Situationen in Zukunft besser lösen.

3.4.4 Druck oder kein Druck, das ist hier die Frage

Diese beiden Möglichkeiten sind zwei Seiten derselben Medaille. Auf der einen Seite gibt es Schüler, die sehr gut mit Druck umgehen können und auf der anderen Seite gibt es Schüler, die es nicht können. Manche Schüler brauchen sogar Druck (wir erinnern uns an Sebastian), denn sonst tun sie nichts. Andere wiederrum sind komplett überfordert und haben einen Blackout. Lorenz war einer dieser Schüler. Wenn der Stresslevel stieg, vergaß er Aufgaben zu erledigen und schrieb schlechte Noten, obwohl er den Stoff beherrschte. Ohne Druck arbeitete er größtenteils fehlerfrei und machte genau was ich ihm aufgetragen habe. Im ersten Moment scheint die bessere Entscheidung ohne Druck zu arbeiten, ist es aber nicht. Der Mensch ist ein Gewohnheitstier, d.h. umso öfter ich ihn Stresssituationen aussetze, desto mehr gewöhnt er sich daran. Zusätzlich dazu musste sein Selbstbewusstsein aufgebaut und seine Prüfungsangst eingedämmt werden. Zum Thema Prüfungsangst später mehr. Ich schrieb mit ihm dieselbe Klassenarbeit wieder, wurde strenger und übte mehr Druck aus. Nach der Regel „hart aber gerecht" lobte ich ihn für alles was er gut gemacht hat. Letztlich pendelte ich zwischen Druck und kein Druck, um ihn langsam daran zu gewöhnen. Zusammen mit seinem Selbstbewusstsein und seiner Selbstsicherheit verbesserte sich seine Situation etwas.

Druck ist für jeden anders. Wir müssen von Schüler zu Schüler entscheiden, ob wir Druck und wie viel Druck wir ausüben. Jemand der anfällig ist für Druck muss trainiert werden. Denn in der Schule kann Ihr Schüler ihm nicht aus dem Weg gehen. Eine weniger aggressive Methode ist Zeitdruck. Diese hilft bei extrem anfälligen Schülern. Druck ist ein ständiger Begleiter unseres Lebens bis hin zum Berufsleben. Um spätere Krankheiten wie Burnout zu verhindern, müssen wir die Schüler darauf vorbereiten mit Druck umzugehen.

3.5 Lernen lernen

Das wohl wichtigste Thema für jeden Lerner ist „Lernen lernen". Bringen Sie Ihren Schülern bei, wie man richtig lernt! Dadurch verkürzen Sie deren Lernperiode und erhöhen den Lernerfolg. Zur selben Zeit lehren Sie sie Selbstständigkeit.

3.5.1 Wie lernen wir?

GESAGT IST NICHT GEHÖRT,
GEHÖRT IST NICHT VERSTANDEN,
VERSTANDEN IST NICHT EINVERSTANDEN,
EINVERSTANDEN IST NICHT GETAN,
GETAN IST NICHT RICHTIG GETAN.
(KONRAD LORENZ 1903–1989)

Dieses Zitat bringt das Lernverhalten auf den Punkt und deckt sich mit den Ergebnissen der Hirnforschung. Diese hat herausgefunden wie viel bei welchen Methoden im Gedächtnis hängen bleibt:

- Lesen 10%
- Hören 20%

- Sehen 30%

- Hören und Sehen 50%

- Sagen 70%

- Selbst tun 90%[4]

Nach dem Lesen die Flinte ins Korn zu werfen, ist also keine Hilfe. Wenn Sie etwas erklären, müssen Sie davon ausgehen, dass Ihr Schüler Ihre Erklärung zwar mit einem „Ja" bestätigt, aber nicht zwingend umsetzen kann. Bilder helfen und bleiben besser im Gedächtnis, doch eine Dokumentation im Fernsehen oder auf YouTube bleibt noch besser hängen. Wenn der Schüler sich mit anderen über seinen Stoff unterhält, bleibt noch mehr hängen. Und wenn er Aufgaben dazu bearbeitet, hat er eine Merkquote von 90%. Hieraus lässt sich der Lernerfolg mit Lerngruppen ableiten. In Lerngruppen wird gelesen, gehört, gesehen, gesprochen und etwas getan. Nutzen Sie dieses Wissen und geben Sie es an Ihre Schüler weiter, um deren Lernerfolge langfristig zu fördern.

3.5.2 Die drei Lerntypen

Trotz der Hirnforschung gibt es Schüler mit gewissen Affinitäten. Diese lassen sich in drei Typen unterteilen: Den visuellen, den auditiven und den motorischen.

---

[4] (business-wissen.de 2016)

Der visuelle Typ: Seine Stärken sind die Augen und das Sehen. Das ist der Typ, den Sie in der Schule beneidet haben, weil er mit einem Blick alles gelernt hat. Dies gilt aber nur, wenn die Ausprägung entsprechend hoch ist. Im Normalfall muss der visuelle Typ genauso lernen wie alle anderen. Er arbeitet verstärkt mit Bildern, Büchern, Lernzetteln, Lernplakaten, Filmen, etc.

Der auditive Typ: Seine Stärken sind die Ohren und das Zuhören. Dieser Typ kommt mit Frontalunterricht (keine Beteiligung im Unterricht und nur der Lehrer redet) am besten klar. Lautes Lesen, selbstgemachte Audio-Aufnahmen zum wiederholten Anhören und Smalltalk helfen ihm am besten. Allerdings darf er akustisch nicht abgelenkt werden.

Der motorische Typ: Seine Stärken sind Bewegung und Taten. Ruhig am Schreibtisch sitzen, liegt ihm nicht. Er muss beim Lernen ständig in Bewegung sein. Sei es durch das Zimmer laufen, stehen, Treppen steigen, schreiben etc.
Das Erstellen von Bildern, Zusammenfassungen, Mindmaps, Plakaten und Karteikarten helfen ihm besonders. Ebenso Experimente in den naturwissenschaftlichen Fächern.

Trotz dieser Affinität hilft es die anderen Lernkanäle ebenso zu bedienen. Denn es kann durchaus sein, dass der Schüler ein Misch-Typ ist. Dieser Typ hat zwei oder drei Affinitäten, die er auch nutzen sollte.[5]

---

[5] (scoyo.com)

3.5.3 Ausdauersport

In zwei Tagen alles zu lernen mag kurzfristig sinnvoll sein, doch endet langfristig in einer Katastrophe. In Mathematik z.B. kommen viele Themen immer wieder vor und wer Formeln und Herangehensweisen komplett verlernt hat, wird langfristig sehr schlechte Noten schreiben. Lernen ist ein Ausdauersport. Jeden Tag ein bisschen und ich rede von 10-15 Minuten, bringt langfristig mehr, da sich der Stoff im Langzeitgedächtnis festsetzt und später nur noch reaktiviert werden muss. Hier gilt die Regel mehr Lernen ist weniger Stress.

3.5.4 Nach dem Schlafengehen

Wenn ich bis spät in die Nacht gelernt habe und das Gefühl hatte, dass ich nichts weiß und nichts hängen geblieben ist, bin ich schlafen gegangen. Am nächsten Morgen merkte ich, dass ich vom Stoff einiges behalten habe. Im Schlaf konnte es sich festsetzen. Nach einiger Recherche stellte ich fest, dass ich den Effekt nach dem Schlafengehen mehrmals am Tag wiederholen kann. Schlaf war dazu nicht unbedingt notwendig. Leistungssportler und Musiker haben eine Gemeinsamkeit: Sie üben dreimal täglich für etwa eine bis anderthalb Stunden und in der Zeit dazwischen ist Pause. Also kopierte ich dieses Verhalten beim Lernen. Der Erfolg ist derselbe wie nach dem Schlafengehen. Diese Methode ist effizienter als fünf Stunden am Stück ohne Pause zu lernen. Klären Sie Ihre Schüler darüber auf. Auch ist es besser nur ein Fach am Tag zu lernen, da sich das Gehirn auf eine Sache besser konzentrieren kann.[6] Pausen sollten als Pausen genutzt werden. Alles was als Arbeit gilt, ist in dieser Zeit Tabu. Das Gehirn soll sich entspannen und abschalten können. Für jeden ist das etwas anderes. Wer Aufräumen als entspannend empfindet, kann das gerne tun. Hauptsache der Kopf kühlt ab. Vorsicht aber mit dem Fernseher und Videospielen! Diese helfen beim Vergessen des Erlernten.

In der Praxis sind diese Lerntipps nicht immer möglich, aber wenn es möglich ist, sollten die Schüler diese Vorteile nutzen.

3.5.5 Lernplan erstellen

Stellen Sie sich vor, Sie wollen verreisen, stecken 50€ ein und gehen los. Klingt nach einer Abenteuergeschichte, die entweder irgendwo unter der Brücke endet oder wieder bei Ihnen Daheim. Ohne Planung werden Sie ziellos herumlaufen, Ihr Geld wird schnell aufgebraucht sein und sie werden frustriert die Segel streichen. Beim Lernen ist es dasselbe. Wenn die Schüler irgendwie lernen, ist das nicht sehr effizient. Kurz vor einer Klassenarbeit lasse ich meine Schüler alle Themen auflisten und nach Prioritäten ordnen. Von „kann ich gut" bis zu „kann ich nicht so gut" oder „kann ich gar nicht". Danach arbeiten wir uns von den schweren Themen zu den leichten durch. Ziel ist es ein gutes Durchschnittswissen zu erreichen, denn es ist leichter von allem etwas zu wissen, als von etwas alles. Dadurch steigern Sie die Erfolgschancen in einer Klassenarbeit immens. Es soll also nach dem Pareto-Prinzip gelernt werden. Pareto war ein italienischer Ingenieur,

---

[6] (business-wissen.de 2016)

der 1906 herausfand, dass 80% des Volksvermögens 20% der Bevölkerung gehörte.[7] Dieses Prinzip lässt sich auch auf andere Bereiche übertragen. Mit 20% der Leistung können 80% des Stoffs gelernt werden. Denn Sie müssten 80% Leistung bringen, um die restlichen 20% zu lernen. Entsprechend dieser Theorie ist es einfacher 80% als 100% zu erreichen.

Zusätzlich können Sie zusammen mit dem Schüler einen Lernplan für Zuhause erarbeiten. Der nach Tagen, Thema, Zeit und Pausen geordnet ist. Er könnte beispielsweise so aussehen:

---

[7] (www.pareto-prinzip.net)

Zeit/ Tage	Mittwoch	Donnerstag	Freitag
h	Brüche dividieren	Brüche multiplizieren	Brüche subtrahieren
Pause	30 Minuten	30 Minuten	30 Minuten
h	Brüche multiplizieren	Brüche dividieren	Brüche multiplizieren
Pause	30 Minuten	30 Minuten	30 Minuten
h	Textaufgaben	Textaufgaben	Textaufgaben

Der Plan kann natürlich beliebig weitergeführt werden.

Eine Vorlage des Lernplans zum Kopieren finden Sie im Anhang.

Wie wird gelernt?

Sollte die Zeit zum Lernen aus welchen unerfindlichen Gründen auch immer (Schüler haben da viele) nicht ausreichen, gilt Mut zur Lücke. Lassen Sie Themen weg, die mit höherer Wahrscheinlichkeit nicht drankommen. Das ist zwar ein gefährliches Spiel, aber der Schüler hätte auch früher anfangen können zu lernen.

3.5.6 Spickzettel

Ihre Schüler sollen Spickzettel schreiben! Möglichst klein und komprimiert. Dadurch sind sie gezwungen sich genauestens Gedanken darüber zu machen, wo sie was, wie hinschreiben. Ein Beispiel: In Geschichte muss man unglaublich viele Zahlen und Namen von Personen und Verträgen verinnerlichen. Wenn es mir reicht ein Datum mit ein paar genau ausgewählten Stichworten, möglichst klein in die linke obere Ecke meines kleinen Fresszettels zur Erinnerung aufzuschreiben, werde ich den Spickzettel kaum noch brauchen. Die genaue Position, meine Gedanken zu den Stichwörtern, der Prozess des Aufschreibens in möglichst kleiner Schrift, hilft mir das Wissen auswendig zu lernen. Hier spielen mehrere Faktoren eine Rolle: lesen, sehen und tun. Nach demselben Prinzip funktionieren Karteikarten. Mit dem Unterschied, dass der Schüler vorne eine Frage oder ein Lernwort aufschreibt und hinten die Lösung.

3.5.7 Musik

Musik kann beim Lernen unterstützen. Wer regelmäßig die gleiche oder ähnliche Musik beim Lernen hört, bringt seinen Körper beim Hören dieser Musik automatisch in den Lernmodus. Doch welche Musik ist die beste? Hier scheiden sich die Geister. Ruhige Instrumentalmusik scheint am vorteilhaftesten. Dennoch konnte sogar bei Musikrichtungen wie Metal ein positives Lernergebnis festgestellt werden. Ich persönlich empfehle Musik ohne Gesang, da der Gesang ablenken kann. Dennoch kann nicht jeder mit Musik lernen und fühlt sich sogar abgelenkt. Wir erinnern uns an den auditiven Typ.

3.5.8 Zusammenfassung Lernen lernen

In diesem Kapitel haben Sie einen kleinen Einblick in die Welt von Lernen lernen erhalten. Angefangen bei der Theorie bis hin zu praktischen Beispielen. Eins dürfen Sie nach all dem aber nicht vergessen: Es bringt nichts das alles zu lernen, wenn man es nicht benutzt. Denn am Ende ist es büffeln, büffeln, büffeln…

Hier nochmal ein Überblick:

- Aktivieren Sie alle Kanäle der Schüler!
- Lernen ist Ausdauersport!
- Was ist die Affinität Ihres Schülers?
- Lernen in Portionen ist besser, als Lernen in Blöcken!
- Erstellen Sie zusammen mit dem Schüler einen Lernplan!
- Lassen Sie Spickzettel schreiben!
- Machen Sie auf die Vorteile von Musik aufmerksam!

3.6 Die Erklärung

Schulbücher können eine große Hilfe bei der Erklärung des Lernstoffs sein, sind es aber nicht immer. Deshalb müssen Sie andere Mittel und Wege lernen den Stoff zu lehren. Das Zitat von Albert Einstein trifft das Thema Erklärung am besten. Sie müssen das Thema selbst verstanden haben, damit Sie es einfach erklären können. Andernfalls verstehen Ihre Schüler Sie nicht oder Sie erklären es vollkommen falsch. In diesem Kapitel werden Sie verschiedene praxiserprobte Lehrmethoden lernen, die Ihnen helfen den Nachhilfeunterricht verständlicher zu gestalten.

3.6.1 Die verschiedenen Erkläransätze

Wie bereits in einem anderen Kapitel erwähnt, hilft aktives Nachfragen nachzuollziehen, ob der Schüler verstanden hat was Sie ihm gerade erklärt haben. Aktives Nachfragen hat einen weiteren Vorteil. Sie sparen Zeit! Viele Schüler fragen aus Unsicherheit Dinge, die sie bereits wissen.

„Wie geht das?" oder

„Was muss ich hier machen?" oder

„Wie geht diese Aufgabe?"

Fragen Sie nach!

„Wie würdest du die Aufgabe machen?"

Meist werden Sie dann einen Wortschwall richtiger Erklärungen hören. Die Selbstständigkeit der Schüler ist das A und O. Dazu zählt auch selbstständiges Denken. Wenn Sie ihnen alles auf einem Silbertablett präsentieren, brauchen die Schüler selbst nicht mehr denken und der Denkmuskel verkümmert. Die Reaktivierung dieses Muskels kostet Zeit und Anstrengung. Also vermeiden Sie externes Denken der Schüler durch andere Schüler oder durch Sie als Lehrkraft. Deshalb ist Vorsagen ein absolutes Tabu. Wenn ein Schüler eine Aufgabe nicht versteht, können Sie es mit ihm an einer ähnlichen Aufgabe erarbeiten oder er soll es sich z.B. aus dem Mathebuch selbst erarbeiten. Sollte der Schüler vollkommen überfordert sein, überhaupt keine Ahnung haben oder Sie stehen unter Zeitdruck, weil eine Klassenarbeit ansteht, müssen Sie es ihm erklären. Die Selbstständigkeit hat aber immer Vorrang. Zusätzlich muss erwähnt werden, dass jede Erklärung eine Übung braucht. Wie wir im Kapitel „Lernen lernen" festgestellt haben, dringt Hören nur zu 20% durch. Eine gehörte Erklärung ist keine verstandene Erklärung. Deshalb müssen Sie dem Schüler stets eine Aufgabe zur entsprechenden Erklärung stellen. Damit er die Erklärung direkt umsetzen kann. Mit der Umsetzung kommt das Verständnis.

3.6.2 Nachschlagmöglichkeiten und ihre Anwendung

In der modernen Welt gibt es viele Nachschlagmöglichkeiten. Manche davon sind besser geeignet, manche weniger. Meistens wissen die Schüler gar nicht wie viele Möglichkeiten sie haben und beschränken sich auf das Internet, das Vor- und Nachteile hat. Es beginnt bereits mit dem eigenen Schulbuch, das so viele Möglichkeiten bietet, dass zusätzliche Aufgabenbücher fast nicht notwendig sind. Deshalb erklären Sie Ihren Schülern wie man ein Inhaltsverzeichnis benutzt. Im Mathebuch z.B. sind alle Themen sortiert und innerhalb des Themas nach aufsteigender Schwierigkeit geordnet. Zusätzlich steht, bei jedem Unterthema, die entsprechende Seitenzahl. Gerade Schüler, die ein Schulbuch besitzen, aber im Unterricht nicht damit arbeiten, können so aktuellen Stoff nachlesen und Aufgaben bearbeiten. Einige Mathebücher bieten auch vereinzelte Übungsaufgaben oder ganze Übungsseiten mit Lösungen im Anhang an. Machen Sie Ihre Schüler darauf aufmerksam, damit sie kurz vor einer Arbeit diese Aufgaben selbst erarbeiten können. Eine Formelsammlung ist ebenfalls hilfreich. Am Ende des Schuljahrs müssen die alten Mathebücher abgegeben werden und mit ihnen ihr Wissen. Mathematische Formeln, die ich nirgends notiert habe und mir auch nicht gemerkt habe, sind weg. Eine Formelsammlung gibt Ihren Schülern die Möglichkeit, alte Formeln nachzuschlagen. Diese tauchen nämlich immer wieder auf. Raten Sie Ihren Schülern sich eine Formelsammlung zuzulegen.

Wechseln wir das Fach: Englisch. Wörterbücher sind eine große Hilfe, wenn das Vokabular begrenzt ist. Hierbei gilt es aber folgendes zu beachten: Online-Wörterbücher sind keine Hilfe! Warum? Durch ständiges Benutzen von Online-Wörterbüchern, ist der Schüler nicht mehr gezwungen Vokabeln zu lernen. Innerhalb weniger Sekunden kommt das passende Wort. Ein Wörterbuch allerdings kostet Zeit. Zeit, die niemand bereit ist zu investieren. Der Schüler neigt eher dazu, sich Wörter zu merken, die er dauernd nachschlagen muss, als Wörter die schnell gegoogelt sind. Zusätzlich macht er sich, während des Nachschlagens, über das gesuchte Wort Gedanken und erinnert sich vielleicht an die Bedeutung, bevor er es findet. Dadurch hat der Schüler ein Erfolgserlebnis, das ihm hilft das Wort eher zu behalten. Von Übersetzungsmaschinen ist komplett abzuraten. Der Schüler fliegt sofort auf und die Maschine kann katastrophale Ergebnisse liefern.

Im Internet gibt es noch andere Nachschlagmöglichkeiten. Neben Online-Wörterbüchern gibt es auch Online-Formelsammlungen. Von beidem ist abzuraten, da Werbung und andere Verlockungen schnell für Ablenkung sorgen. Ein Werbeblocker kann hier zwar Abhilfe schaffen, doch auch Werbetreibende schlafen nicht und finden immer neue Wege Werbeblocker zu umgehen. Matheforen, gutefrage.net und andere Foren und Frageportale können dem Schüler bei absoluter Hilflosigkeit unter die Arme greifen. Die Communitys helfen gern.

YouTube ist sowohl positiv als auch negativ zu sehen. Auf der einen Seite kann Ihr Schüler schnell eine Erklärung bekommen, aber auf der anderen Seite ist das Ablenkungspotential extrem hoch. Zusätzlich besteht die Gefahr, dass der Schüler trotz Erklärung nichts versteht. Die direkte Partizipation des Schülers und entsprechende Übungsaufgaben fehlen. YouTube ersetzt nun mal keinen Nachhilfelehrer bei extremen Wissenslücken.

3.6.3 Wie gebe ich Nachhilfe in dem Fach…

Bei den Fächern unterscheide ich zwischen Mathematik, Englisch und Deutsch, denn das sind die Fächer, die am meisten unterrichtet werden. Die Tipps für Englisch lassen sich auch für Französisch und einen Großteil der anderen Sprachen anwenden.

3.6.3.1 Mathematik

Viele Schüler haben Probleme mit Mathematik. Das Fach zählt zu den unbeliebtesten Fächern und wird in der Nachhilfe am stärksten frequentiert. Gleichzeitig zählt es zu den Fächern, die am leichtesten vermittelt werden können. Sie werden Ihre Schüler vielleicht nicht dazu bringen Mathematik zu mögen (und das sollten Sie auch gar nicht, denn dann machen Sie sich äußerst unbeliebt), aber Sie können sie zumindest dazu bringen Mathematik zu verstehen.

Aufbau Mathearbeit

Jeder von uns hat sie schonmal geschrieben. Das Prinzip hat sich nie wirklich verändert. Mathearbeiten sind meist von leicht nach schwer, von Rechenaufgaben zu Textaufgaben und von wenig Punkten zu viel Punkten und nach Themen geordnet. Dementsprechend kann man seinen Nachhilfeunterricht danach stellen.

Orientierung

Am besten ist es, wenn Sie sich am Mathebuch orientieren. Da sich der Lehrer in der Schule auch daran orientiert. Davon abhängig sollten Sie

Ihre Erklärungen anpassen, damit Sie Ihren Schülern keine Rechenwege beibringen, die im Lehrwerk so nicht gelehrt werden. Dadurch verhindern Sie, dass der Schüler verwirrt ist und überhaupt nichts mehr versteht. Allerdings bringt es nichts das Mathebuch zu zitieren, wenn die Erklärung unklar ist.

Beispiel Prozentrechnung: In manchen Lehrwerken wird Prozentrechnung mit Prozentwert (W), Prozentsatz (p) und Grundwert (G) gelehrt. Allerdings gibt es Bücher, die direkt mit Zinsen beginnen und dementsprechend andere Abkürzungen und andere Begrifflichkeiten verwenden. Z.B. Zinsen (Z), Zinssatz(p) und Kapital (K). Prozentwert wurde durch Zinsen ersetzt und Grundwert durch Kapital. Nichtsdestotrotz sollten Sie sich an die Begrifflichkeiten des vorliegenden Buches halten, um Verwirrung zu vermeiden.

Transfer und Schema F

Ein wichtiges Thema bei Mathematik ist Transfer. Das Gegenteil dazu ist Lernen nach Schema F. Transfer bedeutet, dass ein Schüler in der Lage ist Ihre Erklärungen und die vorliegende Aufgabe auch auf andere Bereiche anzuwenden.

Beispiel: 5+3=8

Es gibt Schüler die verstehen diese Aufgabe, aber können 3+5 nicht lösen. Für diese Schüler sind diese zwei Aufgaben vollkommen unterschiedlich, denn die eine beginnt mit 5 und die andere mit 3. Oftmals lernen sie die Ergebnisse auswendig, ohne zu verstehen, was dahintersteckt. Hier hat kein Wissenstransfer stattgefunden. Der

Schüler hat nach Schema F die Aufgabe auswendig gelernt, weil er sie nicht richtig verstanden hat. Das ist ein einfaches Beispiel für Transfer, bei komplexeren Aufgaben wird es entsprechend komplizierter. Für langfristige positive Ergebnisse ist ein Transfer unausweichlich. Kurzfristig kann ein Lernen nach Schema F, aber durchaus Relevanz haben. Z.B. unter Zeitdruck kurz vor einer Klassenarbeit, allerdings können dann nur Aufgaben gelöst werden, die genauso aufgebaut sind, wie die geübten Aufgaben. Das Ziel ist Verständnis bzw. das Prinzip hinter einer Aufgabe zu erklären. Stupides Formeln auswendig lernen, kann langfristig keine sehr hohen Erfolge liefern und der Schüler wird dauerhaft von Nachhilfe abhängig sein. Er wird niemals in der Lage sein, Aufgaben selbstständig zu verstehen.

Das Verraten von Lösungswegen zählt ebenfalls zur Kategorie Schema F. Schüler müssen anhand ihres Wissens lernen Lösungswege selbst auszuknobeln, da der Denkmuskel sonst verkümmert. Durch Vorsagen erziehen Sie die Schüler zu Faulheit und den Gedanken: „Warum sollte ich Hindernisse aus dem Weg räumen, wenn es auch ein anderer für mich macht." oder „Schön, wenn's ein anderer macht."

Learning by doing

Learning by doing wird in der Mathematik großgeschrieben. Reines Zuhören vermittelt nicht die Komplexität der vorliegenden Aufgabe. Deshalb sollten Sie nach einer Erklärung immer eine entsprechende Aufgabe zum Verständnis vorlegen.

Textaufgaben: Vorgehensweise

Die meisten Schüler scheitern an den Textaufgaben. Deswegen ist es wichtig ihnen zu zeigen, wie man an eine Textaufgabe rangeht. Die Schüler müssen lernen welche Zahlen für die Aufgabe relevant sind und welche nicht. Nachdem sie die Fragestellung gelesen haben, sollen sie die wichtigen/relevanten Namen und Zahlen unterstreichen oder rausschreiben. Beim Rausschreiben ist es wichtig, dass unterschieden wird zwischen dem was gegeben ist und dem was gesucht ist.

Z.B. Es ist 13:10 Uhr die Schule ist aus und Peter hat Lust auf Eis. Heute hat er sich vorgenommen 8 Maxikugeln zu essen. Eine Maxikugel kostet 0,80€. Wie viel Geld braucht er?

Gegeben: eine Maxikugel = 0,80€

Gesucht: Preis für 8 Maxikugeln = ?

Dadurch wird die Aufgabe übersichtlicher und leichter zu lösen. Gleichzeitig werden unwichtige Zahlen, wie die Uhrzeit herausreduziert, da sie nicht maßgeblich zur Lösung des Problems beitragen. Manchmal kann es sinnvoll sein eine Skizze anzufertigen.

Typische Fehler

Als letztes werde ich Ihnen die typischsten Fehler in der Mathematik erläutern. Diesen werden Sie dauernd begegnen:

- Falsch abgeschrieben

  Checken Sie stets, ob der Schüler die Aufgabe richtig abgeschrieben hat! Meist klärt sich dann das krumme Ergebnis oder die unlösbare Aufgabe.

- Keine Skizze

  Die meisten Schüler versuchen komplexe Aufgaben im Kopf zu lösen und so wenig wie möglich aufzuschreiben. Begründung: Zeitersparnis. Allerdings sind die Schüler schneller fertig und haben ein richtiges Ergebnis, wenn sie sich zu der jeweiligen Aufgabe, falls möglich, eine Skizze machen, um den Sachverhalt besser nachvollziehen zu können. Dadurch können sie trotz „Mehrarbeit" tatsächlich Zeit sparen. Denn eine falsche Aufgabe muss nochmal gemacht werden, eine richtige nur einmal.

- Vorzeichenfehler

  Sobald die Minuszahlen bzw. negativen Zahlen (zählen zum Zahlenbereich der Ganzen Zahlen $\mathbb{Z}$) eingeführt werden, können Sie regelmäßig mit Vorzeichenfehlern rechnen. Entweder vergisst der Schüler ein Minus, beachtet es nicht oder macht Fehler beim Übertrag. Achten Sie darauf!

3.6.3.2 Englisch / Fremdsprache

Während Mathematik eher mit Kraftsport vergleichbar ist, zählt Englisch bzw. Sprache zum Ausdauersport. Sie brauchen wesentlich mehr Geduld und gute Ergebnisse lassen oftmals lange auf sich warten. Die Schüler haben irgendwann den Anschluss verpasst und es ist viel schwieriger mehrere Schuljahre Sprachunterricht als

Mathematikunterricht nachzuholen.

Wie lernt man Sprachen am schnellsten und besten?

Ich würde Ihnen gerne sagen, dass es eine simple Methode gibt, die kaum Zeit kostet und unglaubliche Erfolge liefert, doch die gibt es noch nicht. Sprachen brauchen Zeit und umso mehr Zeit Sie bzw. Ihre Schüler investieren, desto größer sind die Erfolge. Dazu zählt jeglicher Umgang mit der zu lernenden Sprache: Filme, Bilderbücher, Kinderbücher, das Schulbuch, Comics, YouTube Videos, Onlinezeitungsartikel, Hörspiele, Sprachunterricht außerhalb der Schule, etc.

Während meines Sprachstudiums habe ich nach dem schnellsten und einfachsten Weg gesucht, eine Sprache zu erlernen. Doch all meine Recherchen führten immer wieder auf einen Punkt zurück: Vokabeln lernen. Die Grammatik zu vernachlässigen ist weniger schlimm als die Vokabeln. Denn die Grammatik kann man unterbewusst über verschiedene Medien aufnehmen. An dieser Stelle sei aber zu bemerken, dass diese Methode wesentlich zeitaufwendiger ist, als die grammatikalischen Formen und Regeln bewusst zu lernen und zu verinnerlichen.

Doch befassen wir uns erstmal mit dem Fakt, wie gut man eine Sprache überhaupt können muss. Der europäische Referenzrahmen unterteilt die Sprachen in sechs Niveaus: A1, A2, B1, B2, C1 und C2. (Den genauen Kenntnisstand der einzelnen Sprachniveaus finden Sie im Anhang.) Das Höchstniveau ist C2 und obwohl es dem muttersprachlichen Niveau sehr nah kommt, ist es aus bürokratischen Gesichtspunkten nicht möglich muttersprachliches Niveau zu erreichen. Das Ziel einer Sprache (vor allem bei der Anwendung im Berufsleben) ist, dass man von einem Muttersprachler verstanden wird. Ob diese Sprache dann perfekt gesprochen wird, ist irrelevant.

Als nächstes müssen wir uns stets bewusst sein, dass wir in unserer Muttersprache auch nicht alle Wörter kennen. Zum Beispiel in bestimmten Fachbereichen. Oder wissen Sie was ein brauner Zwerg in der Astrophysik bedeutet? (Die Lösung finden Sie im Anhang)

D.h. Sprachen haben Grenzen, auch unsere Muttersprache. Beruflich sollte das Ziel stets sein, verstanden zu werden. Im Nachhilfeunterricht unterstützen wir die Schüler dabei und arbeiten gezielt auf die Aufgabenstellung der Klassenarbeiten hin.

Eine Sprache wird in dieser Reihenfolge perfektioniert:

- Leseverstehen
- Hörverstehen
- Sprechen
- Schreiben

Diese vier Bereiche verbessern sich kontinuierlich und gleichzeitig beim Erlernen einer Sprache, werden aber meist in der angegebenen Reihenfolge perfektioniert.

Aufbau der Englischarbeit

Als erstes müssen wir wissen, was überhaupt abgefragt wird. Die Englischarbeit besteht aus vier bis fünf Teilen:

- Vokabeln

- Mediation (Kontextübersetzung)

- Grammatik

- Reading comprehension (Leseverständnis)

- Listening comprehension (Hörverständnis)

An diesen fünf Bestandteilen wird der Nachhilfeunterricht orientiert.

Ansätze im Nachhilfeunterricht

Unterrichtssprache

Sollten Sie keine absoluten Anfänger in Ihrem Kurs haben, vermeiden Sie Deutsch als Ausgangssprache. In der Schule bekommen die Schüler Englischunterricht auf Englisch vermittelt. Dadurch schulen Sie das Hörverständnis und geben die Möglichkeit aus dem Kontext heraus neue Wörter zu lernen bzw. ihre Benutzung zu erfahren.

Vokabelarbeit

Da Vokabeln der Dreh- und Angelpunkt einer jeden Sprache sind, sollten Sie regelmäßig Vokabeltests schreiben. Am besten jede Stunde. Die Vokabeltests müssen individualisiert sein und auf jeden Schüler abgestimmt. Im Anhang finden Sie eine Kopiervorlage für Vokabeltests. Führen Sie für jeden Schüler eine eigene Liste mit Vokabeln, die er noch nicht kennt und lernen muss oder die er bei Ihnen im Nachhilfeunterricht schon einmal falsch gemacht hat. Fragen Sie in beide Sprachrichtungen ab. Erstellen Sie die Vorlage so, dass Sie die Wörter jeweils nur auf einer Seite eintragen und kopieren Sie diese Vorlage, damit Sie Zeit sparen und nicht jedes Mal 30 Minuten damit beschäftigt sind Vokabeltests zu erstellen. Fragen Sie am besten ganze Sätze ab! Vokabeln im Kontext zu lernen ermöglicht den Schülern mehrere Verknüpfungen zu dem jeweiligen Wort zu bilden und es sich besser zu merken. Je mehr Verknüpfungen bestehen, desto leichter wird es. Dieses Prinzip ist vergleichbar mit einer Mindmap, die sich im Gehirn besser festsetzen kann, wenn sie größer ist. Gleichzeitig lernen sie eine Anwendung des Wortes, was Verwechslungen in der Bedeutung vorbeugt.

Bei Rückfragen zu Wörtern, z.B. „Wie heißt dieses Wort auf Englisch/Deutsch?", erklären Sie das Wort am besten in der Fremdsprache. Sollten die Rückfragen überhandnehmen, stellen Sie ein zweisprachiges Wörterbuch zur Verfügung. Sollten die Schüler gerade einen Text übersetzen, bestehen Sie nicht auf Wort für Wort Übersetzungen. Klassenarbeiten sind schon lange nicht mehr so aufgebaut. Fragen Sie den Schüler stets nach der Bedeutung des ganzen Satzes oder sogar Absatzes. Die Schüler müssen nicht zwingend jedes Wort verstehen, es reicht der Kontext, sofern Sie die Übung nicht zum Vokabeln lernen nutzen wollen.

Grammatik

Die meisten Nachhilfeinstitute sind mit diversen Materialien ausgestattet. Nutzen Sie diese! Nachdem Sie die Grammatik erklärt haben, brauchen die Schüler Übungen um das gelernte anzuwenden und zu vertiefen.

Bei Privatunterricht sollten Sie das Internet nutzen oder sich

Übungsbücher zulegen, um entsprechende Aufgaben zur Verfügung zu stellen. Gerade das Internet ist voller kostenloser Übungen für Fremdsprachen aller Art.

Aussprache

Die Deutschen sind bekannt für ihre *überragende* Aussprache des Englischen. Es ist zwar nicht unbedingt notwendig das zu lehren, doch wer sich genauso daran stört wie ich, ist froh über eine Lösung.

Das „th" ist hierbei die größte Schwachstelle. Bei den Deutschen klingt es meist wie ein „s".

z.B. "se house" statt "the house" oder „I sink" statt „I think".

Im zweiten Beispiel haben wir sogar einen Bedeutungsunterschied zwischen „Ich sinke" und „Ich denke". Das „th" im Englischen hat einen ungemeinen Vorteil, denn, wenn man genau hinhört, klingt es wie ein „d" oder ein „f".

Schauen wir uns wieder unsere beiden Beispiele an:

„de house" und „I fink"

Es mag immer noch nicht die schönste Lösung sein, aber besser als ein „s" ist es allemal. Die Schüler müssen sich nur merken, welche Wörter eher wie ein „f" klingen und welche eher wie ein „d".

Über den Nachhilfeunterricht hinaus

Der Nachhilfeunterricht allein, sofern er nicht alle zwei Tage stattfindet, wird nicht ausreichen, um den Schüler aus der Problemzone zu bekommen. Deshalb müssen Sie Ihren Schülern klarmachen, dass der Nachhilfeunterricht nur unterstützend ist, aber keine Arbeit abnimmt. Die wichtigste Arbeit, die zu Hause erledigt werden muss, ist

Vokabeln lernen. Die Methode mit selbstgemachten Karteikarten hat sich als besonders erfolgreich erwiesen. Einerseits, weil die Schüler schreiben und andererseits, weil die Schüler die Karteikarten überall mit hinnehmen können. Auch hier helfen Kontextbeispiele (z.B. Beispielsätze mit dem Wort) beim Verinnerlichen. Raten Sie also am besten zu dieser Methode. Bei besonders schwierigen Wörtern sollte man Post-its mit den Wörtern Zuhause aufhängen.

Auf der anderen Seite gebe ich noch zu bedenken, dass es egal ist, wie viele Lernstrategien die Schüler für Vokabeln zur Verfügung haben, gelernt werden müssen sie trotzdem selbstständig und ausdauernd.

3.6.3.3 Deutsch

Deutsch unterscheidet sich im Großen und Ganzen nicht so sehr von den Fremdsprachen. Der einzige Faktor der wegfällt ist Vokabeln lernen. Dadurch kann man sich verstärkt auf Rechtschreibung und Grammatik konzentrieren.

Aufbau der Deutscharbeit

Deutscharbeiten können verschiedene Formen annehmen. Als grobe Übersicht dienen diese vier Klassenarbeitstypen:

- Diktat
- Aufsatz
    - Z.B. Ich-Erzählung, Bildergeschichte, Erörterung, etc.
- Literatur
    - Z.B. Textanalyse, Personenbeschreibung, Monologe,

Interpretationen, etc.

- Gedicht
    - Z.B. Interpretation, Analyse, etc.

Deutsch ist nicht DaF oder DaZ!

Immer wieder erlebe ich wie Kinder und Jugendliche mit Migrationshintergrund Nachhilfe in Deutsch bekommen. Zuhause wird oft die Muttersprache der Eltern gesprochen und die Schüler machen grammatikalische Fehler, die ein Deutschlehrer für Schuldeutsch gar nicht unterrichten kann. Für Nachhilfelehrer gilt dasselbe! Deutsch ist zwar die Muttersprache, aber deswegen hat man noch lange nicht verstanden, wie sie funktioniert. Deutsch als Nachhilfefach ist nicht Deutsch als Fremd- oder Zweitsprache! Diese zwei Bereiche sind streng voneinander zu trennen. Sollten Sie Ihren Schülern dennoch helfen wollen, können Sie sich über diverse grammatikalische Regeln für Deutsch, die in der Schule nicht gelehrt werden, im Internet informieren. Dazu zählen unter anderem die Regeln für der, die, das, trennbare Verben und wann benutzt man Dativ und Akkusativ, denn auch hier ist das vermittelte Schulwissen gerade mal die Spitze des Eisbergs.

Rechtschreibung

Angefangen bei der Groß- und Kleinschreibung bis hin zu „sch", „st", „sp", „ß" und „ss" gibt es viele Wörter, die man an der Aussprache allein nicht immer sofort erkennt. An dieser Stelle möchte ich Dr. Gero Tacke vorstellen. Nach der Auswertung von etwa 2000 Aufsätzen von

Schülern der zweiten bis zehnten Klasse ist aufgefallen, dass 100 Wörter regelmäßig falsch geschrieben werden.[8] Dr. Gero Tacke hat eine Liste dieser 100 Wörter zusammengestellt und mittlerweile auf 300 erweitert. Mithilfe dieser Wörter können Sie mit Ihren Schülern regelmäßig Diktate machen und ihnen helfen die typischsten Fehler zu vermeiden. Sie werden überrascht sein, welche Wörter Sie in dieser Liste vorfinden werden. Den Link zu der Liste finden Sie im Anhang.

Grammatik

Die Herangehensweise bei deutscher Grammatik unterscheidet sich nicht sehr von der Herangehensweise bei den Fremdsprachen. Deshalb s. Kapitel Englisch/Ansätze im Nachhilfeunterricht/Grammatik.

Literatur

Wichtig ist, dass der Schüler weiß, worum es geht. Das kann er entweder dadurch erfahren, dass er das entsprechende Buch oder die Zusammenfassung im Internet durchliest. Meist reicht letzteres, um im Unterricht ein wenig mitreden zu können. Die mündliche Note darf man in Deutsch nicht unterschätzen, da sie manchmal genauso viel Wert ist wie eine Klassenarbeit. Da die Literatur im Deutschunterricht meist vom Verlag Reclam stammt, lohnt es sich dem Schüler den Literaturschlüssel vom selben oder von einem anderen Verlag zu empfehlen. Die meisten Deutschlehrer machen es sich einfach bei der Interpretation der Werke und lassen nur die Interpretation aus dem Literaturschlüssel gelten. Selten gibt es Deutschlehrer, die auch andere

---

[8] (Tacke)

Interpretationen gelten lassen. Um die Interpretationsaufgabe komplett zu umgehen, kann Ihr Schüler auch die Kreativaufgabe wählen. In dieser ist er meist freier und weniger von der Literatur abhängig.

Gedichte

Genauso wie in der Literatur ist es wichtig, dass Ihr Schüler versteht um was es geht. Die Stilmittel sind genauso wie Vokabeln zu lernen. Doch Verständnis zu lehren ist meist ausgesprochen schwierig. Eine Hilfe sind Informationen zur Zeit, dem Autor und der Situation. Durch die oft altertümliche Sprache ist es notwendig Wörter zu klären, die heute nicht mehr benutzt werden.

3.6.4 Belohnung ist besser als Bestrafung oder Zuckerbrot und Peitsche ist out

Wie gerne wir doch belohnt werden. Sie haben Glück, denn Sie dürfen belohnen und sollen auch belohnen. Denn Bestrafung wird Ihnen langfristig nicht helfen. In zahlreichen Studien wurde bereits nachgewiesen, dass die Belohnung von Leistungssteigerungen effektiver ist als die Bestrafung von Fehlern.[9] Es reicht schon, wenn Sie die kleinen Erfolge Ihrer Schützlinge anerkennen. Jedes gute und gewollte Verhalten sollte zeitnah belohnt werden. In diesem Kontext sprechen wir auch von einem positiven Verstärker[10], der einen Anreiz

---

[9] (Kahnemann 2015, 219)

[10] (Lexikon Online 2007)

bieten soll dieses Verhalten zu wiederholen. Gleichzeitig muss der Schwierigkeitsgrad für Belohnungen langsam ansteigen. Eine Leistung, die bereits vor Wochen erlernt wurde, wird keine weitere Belohnung bringen. Es sollte ebenfalls keine Belohnung für Standardaufgaben geben. Z.B. wenn ein Schüler die Aufgabe bearbeitet, die Sie ihm aufgetragen haben, dann ist das seine Pflicht. Schnell kann für Pflichtaufgaben der Gedanke aufkommen „Ich kriege was dafür!"

Doch welche Art von Belohnung ist angemessen? Geschenke, Ponys, Süßigkeiten? Nein. Keins dieser Dinge. Ihre Belohnungen sind Lob, Lächeln und Aufmerksamkeit. Materialismus führt dazu, dass man nur etwas leistet, wenn man etwas Physisches bekommt. Dadurch würden die Schüler für den Materialismus arbeiten und nicht für die Leistung und das Zwischenmenschliche. Sie können auch Spielzeiten am Ende der Stunde einräumen, um die Schüler für ihre harte, konzentrierte oder gute Arbeit zu belohnen. Allerdings (je nach Institut) nicht länger als 15 Minuten.

Mittel zum Wehren

Sie werden mit Belohnungen nicht alles erreichen können. Doch wie soll man ohne Bestrafung ans Ziel kommen? Manchmal kann es reichen fleißige Schüler zu belohnen, denn wer nicht belohnt wird, fühlt sich bestraft. Komplett ohne Konsequenzen für unerwünschtes Verhalten auszukommen, werden Sie nicht schaffen. An dieser Stelle kann ich Ihnen ein paar Tipps auf den Weg geben:

Früh eingreifen

Stellen Sie sich ein leerstehendes Haus vor, indem eine Scheibe eingeworfen wurde. Sobald jemand bemerkt, dass niemand das Fenster repariert, wird ein zweiter Stein geworfen. Es dauert nicht lang, dann wird das gesamte Haus verwüstet sein.[11] Dieses Haus ist ihr Unterricht. Greifen Sie bei Störungen möglichst früh ein. Wenn das Chaos erstmal seinen Lauf nimmt, werden Sie die Situation nur noch sehr schwer in den Griff bekommen.

Die Leitung

Arbeiten Sie bei einem Nachhilfeinstitut, sprechen Sie mit der Leitung des Standorts, um die benötigte Unterstützung zu bekommen oder die richtigen Tipps. Im Extremfall kann die Leitung den bösen Cop spielen. Oftmals ist der Einflussbereich der Leitung wesentlich größer und kann bis zu den Eltern reichen, um unerwünschtem Verhalten entgegenzuwirken.

Das Elterngespräch

Ein Gespräch mit den Eltern ist für Sie meist weniger angsteinflößend als Sie denken. Die meisten Eltern haben schon verstanden wie ihre Kinder ticken und hören Ihnen auch zu. Sprechen Sie ganz offen und ehrlich über die Situation mit dem Schüler, dann ergibt sich oft eine Lösung.

Sollten die Eltern allerdings das Problem sein, dann sensibilisieren Sie sie, indem Sie ihnen die Lernleistung ihres Kindes näherbringen. Erzählen Sie über die Fortschritte und die hart erbrachte Leistung bei Ihnen. Die Wahrheit sollte aber nicht verdreht werden. Erzählen Sie

---

[11] (Gladwell 2001, 141)

z.B. auch, wenn es sehr langsam vorangeht und Sie das Gefühl haben, dass der Schüler mehr Zeit braucht als gewöhnlich. Dadurch gewinnen Eltern einen Einblick in das Lernverhalten ihres Kindes und können besser verstehen, dass es eben etwas länger dauert, um entsprechenden Stoff zu verinnerlichen.

Extremfall

Sie haben mit der Leitung gesprochen, ein Elterngespräch wurde geführt, aber nichts hat funktioniert. Selbst als Sie schreien mussten, war das ein Tropfen auf den heißen Stein und hat die Situation nur kurzweilig unter Kontrolle gebracht. Sie kommen mit den Schülern nicht klar und Ihnen graut schon vor dem nächsten Unterricht.

Bedenken Sie immer: Sie sind auch ein Mensch und haben Grenzen. Sie werden nicht immer hochmotiviert sein, volle Power geben können und manchmal stellen Sie fest, dass Sie den schlimmsten Kurs Ihrer bisherigen Laufbahn vor sich haben. Unter diesem Aspekt gebe ich Ihnen einen weiteren wichtigen Tipp: Behalten Sie Ihre Selbstachtung und geben Sie den Kurs ab. Es ist vollkommen egal, warum Sie den Kurs nicht in den Griff bekommen haben und solange es nur ein Einzelfall ist, können Sie den Kurs getrost vergessen (auch wenn das einfacher klingt als getan). Als Nachhilfelehrer haben Sie diese Möglichkeit im Gegensatz zu einem Schullehrer. Nutzen Sie diese Möglichkeit. Sollten Sie mit gar keinem Kurs klarkommen und der Job macht Ihnen immer weniger Spaß, können Sie jederzeit den Vertrag kündigen. Sie sind selbstständig und an keinerlei Kündigungsfristen gebunden. Sie können von heute auf morgen für immer verschwinden.

Geben Sie aber wenigstens kurz Bescheid, damit keine Vermisstenmeldung ausgeschrieben wird.

3.6.5 Prüfungsangst

Genauso wie Burnout ist auch Prüfungsangst immer stärker verbreitet. Doch was genau passiert mit uns, wenn wir Angst haben? Aus der Evolution haben wir uns angewöhnt schnell eine Entscheidung zu fällen, wenn wir Angst haben. Allerdings sind wir auf drei Entscheidungen beschränkt: Kämpfen, Flüchten und Lähmung.[12] Denn in diesem Moment wird unser Blut in unsere Arme zum Kämpfen und unsere Beine zum Flüchten geleitet. Dadurch können wir nicht klar denken und es kommt zum Blackout.[13] Leider hilft uns keine dieser Entscheidungen die Prüfung zu bestehen. (Bis auf Kampfsportprüfungen vielleicht) In diesem Kapitel werden wir uns verschiedenen Methoden der Angstbekämpfung widmen, um Schüler nicht hilflos ihrer Prüfung auszusetzen.

3.6.5.1 Tipps für den Schüler

Die Tipps werden in zwei Zeitbereiche aufgeteilt: Lange vor der Prüfung und kurz vor bzw. bei der Prüfung.

---

[12] (Kulbarsh 2017)

[13] (Be. 1999)

Lange vor der Prüfung

Allgemein lässt sich die Phase lange vor der Klausur in drei Schritte aufteilen:

- Informationen sammeln
- Genug lernen
- Genug schlafen

Im Informationszeitalter verhält es sich wie in der Schule. Wer die meisten und besten Informationen hat, hat einen Vorteil. Deshalb ist es am wichtigsten für den Schüler so viele Informationen wie möglich zu sammeln:

- Was kommt dran bzw. wird abgefragt?
- Wie viel kann ich schon?
- Wie viel muss ich noch lernen?
- Wie viel Zeit habe ich bis zur Prüfung? →Lernplan erstellen

Sobald diese Fragen klar sind, kann sich der Schüler gezielt auf die Prüfung vorbereiten. Die Frage: „Wie viel kann ich schon?" sollten Sie als Nachhilfelehrer mit Argusaugen überprüfen. Testen Sie das Wissen Ihres Schülers in diesem Bereich, um festzustellen, ob er wirklich genug weiß. Es gibt immer wieder Schüler, die ihr Wissen vollkommen falsch einschätzen, der festen Überzeugung sind alles zu wissen und überhaupt keine Hilfe brauchen. Machen Sie mit ihnen einen Realitätscheck und beweisen Sie ihnen, dass Sie eben nicht unfehlbar sind. Diese realitätsfernen Schüler tauchen immer mal wieder auf und müssen möglichst oft die Wahrheit um die Ohren geschlagen bekommen. Erst wenn diese Schüler verstanden haben, dass sie Hilfe brauchen, können Sie wesentlich leichter und besser mit ihnen arbeiten.

In Bezug auf Schritt zwei stellt sich die Frage, wann der Schüler genug gelernt hat. In Hinsicht auf die Prüfungsangst, hat der Schüler dann genug gelernt, wenn er sich sicher fühlt. Oft kann es schon ausreichen, dass der Schüler frühzeitig und genug gelernt hat, um ihm die nötige Sicherheit zu geben.

Leider schlafen viele Schüler nicht genug. Sie gehen zu spät ins Bett oder lernen bis in die Nacht hinein. Am nächsten Morgen sind sie völlig fertig. Die Erschöpfung verstärkt das Gefühl der Angst und schadet der Konzentration. Je nach Quelle brauchen Pubertierende von 10 bis 14 10 Stunden und 15 bis 17 jährige 8 bis 9 Stunden Schlaf.[14] Sie können den Schlaf zwar nicht kontrollieren, aber Sie können es Ihren Schülern erklären und ihnen diesen Tipp mitgeben.

Letztlich nähern wir uns der Prüfung und die Nervosität steigt langsam an. Reden Sie mit Ihren Schülern über ihre Ängste. Fragen Sie: Warum hast du Angst? Versuchen Sie zusammen mit dem Schüler seine Angst zu konkretisieren, das nimmt den Druck und die Angst kann gezielt angegangen werden. Denn nur eine unbestimmte, unsichtbare Angst, die wir nicht bestimmen können, wird uns immer weiterverfolgen.

---

[14] (Rogge, 2018)

Kurz vor bzw. bei der Prüfung

Kurz vor der Prüfung rate ich meinen Schülern immer zur Ohrläppchenmassage. Mit dem Zeigefinger und dem Daumen sollen sie ihre Ohrläppchen massieren. Das beruhigt und lenkt die Aufmerksamkeit von der Angst ab. Auch sollen die Schüler tief atmen. Angst kommt mit schnellem und kurzem Atmen einher. Dadurch bekommt der Körper nicht genug Sauerstoff und das Gehirn ist unterversorgt. Die Folge: Blackout. Letztlich sind auch die Vorbereitung und das Selbstvertrauen in das erlernte Wissen relevant. Umso mehr im Vorfeld getan wurde, desto entspannter sind die Schüler meist in der Prüfung. Einige Schüler fühlen sich von der Anzahl der Aufgaben überrannt oder werden nervös, wenn sie etwas nicht sofort verstehen und lösen können. Für diese Schüler kann es hilfreich sein alle anderen Aufgaben mit einem Blatt abzudecken (z.B. das Löschblatt im Heft) oder die leichten Aufgaben zuerst zu erledigen. Das ist abhängig vom Schüler. Bieten Sie ihm beide Möglichkeiten an, er wird sich dann schon selbst für den besseren Weg entscheiden.

3.6.5.2 Tipps für die Lehrkraft

Wie können Sie den Schüler aber aktiv unterstützen? Die letzte Stunde vor der Prüfung sollten Sie Ihren Schüler tendenziell eher leichtere bis mittelmäßige Aufgaben, die er beherrscht, bearbeiten lassen. Dadurch stärken Sie sein Selbstbewusstsein und bestärken sein Wissen und seinen Glauben an seine Fähigkeiten. Es versteht sich natürlich von selbst, dass, wenn Ihr Schüler keine Ahnung von nichts hat, Sie diesen Weg nicht nehmen können.

3.6.6 Ist Erfolg messbar?

Selbstverständlich. Erfolg ist messbar. Doch was genau können wir messen? Die Leistung wird bereits in der Schule gemessen, doch Sie sollen Fortschritte messen. Das kann auf unterschiedlichste Arten passieren:

- Noten: Der einfachste Weg Erfolg zu messen ist und bleibt die Schulnote. Doch Erfolg sollte nicht allein daran gemessen werden.

- Lernzeit: Wenn ein Schüler in kürzerer Zeit mehr Aufgaben schafft, ist das ein Erfolg. Auch Schüler die sich gerne schnell überfordert fühlen, können an ihrer Lernzeit gemessen werden. Steigerungen sollten hier erkannt und kommuniziert werden.

- Richtige Aufgaben: Jede richtige Aufgabe ist ein Erfolg an sich. Erkennen Sie das an.

- Weniger Fehler: Gerade im Fach Deutsch kann dies ein wichtiger Erfolg sein. Die meisten Schüler glauben, sie müssten von heute auf morgen fehlerfrei werden. Dem ist nicht so. Auch weniger Fehler sind ein Erfolg.

- Fehlervermeidung: Wenn ein Fehler immer wieder gemacht wird und plötzlich vermieden wird, ist das ein Riesenerfolg. Gewohnheiten abzugewöhnen erfordert unglaubliche Kraft, erkennen Sie als Lehrkraft diesen riesigen Erfolg an.

Ein wichtiger Hinweis noch: Wahren Sie Professionalität! Messen Sie jeden Schüler nur an seinen eigenen Leistungen. Alles andere ist unfair und unprofessionell. Jeder hat sein eigenes Lerntempo und seine eigenen Erfolge. Eine Messlatte darf nicht mit dem besten Schüler mitwachsen. Eine Messlatte ist ein fixer Punkt, der für jeden erreichbar ist. Merken Sie sich das!

4. Der Job

Zum Schluss wollen wir uns noch mit dem Job als Nachhilfelehrer als solchen beschäftigen. Trotz all der Nächstenliebe, des sozialen Engagements und dem Dienst an der Gesellschaft, dürfen Sie nie vergessen, dass es nur ein Job ist. Und so wie alle anderen Jobs hat auch dieser Job eine wirtschaftliche Komponente. Das sind Ihr Honorar, Ihre Zeit und Ihr Produkt, nämlich Sie als Nachhilfekraft.

4.1 Nachhilfeinstitut oder Privat?

Hier beginnt schon Ihre erste Entscheidung. Wollen Sie bei einem Nachhilfeinstitut Nachhilfe geben oder lieber privat? Was sind die Vor- und Nachteile? Und unter welchen Bedingungen kann ich dieser Tätigkeit nachgehen?

4.1.1 Das Nachhilfeinstitut

Um bei einem Nachhilfeinstitut arbeiten zu können, brauchen Sie Abitur. Das ist meistens die Mindestvoraussetzung. Danach haben Sie die Möglichkeit Ihre Präferenzen anzugeben. Entscheidend ist hier, welche Fächer und bis zu welcher Klassenstufe Sie unterrichten bzw. unterrichten wollen. Umso mehr Fächer und Stufen Sie vorweisen können, desto mehr Aufträge bekommen Sie. Flexibilität sichert Ihnen langfristige Beschäftigung. Auch Exotenfächer, wie Latein,

Französisch, Physik und Chemie, können Sie zu einer wichtigen Kraft machen. Sie müssen sich um keine Kundenakquise kümmern und werden je nach Zeitpensum, das Sie zur Verfügung stellen, eingesetzt. Gleichzeitig haben Sie auch eine gewisse Sicherheit hinsichtlich des Ausfallrisikos. Im Nachhilfeinstitut unterrichten Sie Gruppen bis zu fünf Schülern, wenn ein Schüler fehlt, fällt deswegen aber nicht gleich der ganze Kurs aus. So können Sie mit einer gewissen Sicherheit mit Ihrem Monatshonorar rechnen. Der Stundenlohn ist im Vergleich zum freien Markt wesentlich niedriger, aber nicht zu unterschätzen. Auf den Stundenlohn gehe ich später noch etwas genauer ein.

4.1.2 Privat Nachhilfe geben

Um privat Nachhilfe geben zu können, brauchen Sie überhaupt keine Voraussetzungen. Es versteht sich natürlich von selbst, dass Sie das zu unterrichtende Fach beherrschen sollten. Egal ob Sie Schüler, Rentner mit Affinität zu bestimmten Fächern oder Hausmann/-frau, der/die regelmäßig den eigenen Kindern hilft, sind. Sie dürfen unterrichten. Allerdings müssen Sie sich selbst um Ihre Kunden kümmern. Diverse Nachhilfeportale im Internet und sogar Facebook kann Ihnen bei der Suche nach Kunden behilflich sein. Im Gegensatz zum Nachhilfeinstitut sind Sie vor Ausfällen nicht geschützt. Wird ein Schüler kurzfristig krank oder hat schlicht und ergreifend keine Lust, fällt der Kurs aus. Da Sie privat meist nur Einzelunterricht geben, können Sie das weder kompensieren noch vermeiden. Verträge werden meist mündlich geschlossen und Zusatzklauseln, die das ganze unnötig verkomplizieren, machen Sie als Nachhilfelehrer unattraktiv. Gerade in Großstädten ist die Konkurrenz zahlreich vertreten und macht Ihnen einerseits die Preise kaputt und andererseits kann sich Ihr Kunde jederzeit jemand neuen suchen. Dafür kann der Stundenlohn in diesem Bereich viel freier gewählt werden und letztlich kann verlangt werden, was bezahlt wird.

4.1.3 Zusammenfassung Institut oder Privat

Hier sind die Vor- und Nachteile auf einen Blick:

	Nachhilfeinstitut	Privat
Voraussetzung	Abitur	Keine
Gruppe oder Einzelunterricht	Gruppe und Einzelunterricht	Meist Einzelunterricht
Sicherheit	Hohe Sicherheit, ständiges Einkommen	Erhöhtes Ausfallrisiko
Lohn	Niedriger als Privat	Je nach Erfahrung und Zahlbereitschaft der Kunden

4.2 Das Honorar

Reine Nächstenliebe macht nicht satt und zahlt keine Rechnungen. Sie kann aber beliebt und richtig eingesetzt, können gute Leistungen, bekannt machen. Deshalb sollten Sie sich nicht ausnutzen lassen und stets Ihren persönlichen Wert kennen: Wie gut bin ich? Was kann ich? Wie viel Erfahrung (in Jahren gerechnet) habe ich bereits? Welche Erfolge kann ich vorweisen? (Verbesserung der Schüler, mehr Selbstbewusstsein, bessere Noten der Schüler, etc.) Was biete ich, was andere nicht bieten? usw.

Der letzte Punkt dient vor allem Ihrem Selbstmarketing und Ihrem Selbstwertgefühl. Vermitteln Sie das bzw. verkaufen Sie sich so. Im privaten Sektor ist dieser Punkt vielleicht mal ausschlaggebend, um das gewünschte Honorar zu bekommen. Seien Sie kreativ. Vielleicht mögen Sie es Übungen oder kleine Lernheftchen für Schüler zu erstellen. Lassen Sie sich diese Arbeit bezahlen, denn „Was nichts kostet, ist nichts wert".

Aber kommen wir zum Honorar zurück. Der Lohn in Nachhilfeinstituten wird unterschiedlich berechnet. Manchmal pro Stunde und manchmal pro Unterrichtseinheit, kurz UE. Eine UE entspricht 45 Minuten, also einer Schulstunde. Bei einem Nachhilfeinstitut steigen Sie normalerweise bei 10 Euro die Stunde ein. Dieser Lohn kann sich mit Erfahrung erhöhen, ist allerdings stark vom Nachhilfeinstitut abhängig. Privat wird häufig zwischen 8 und 18 Euro pro Stunde verlangt. Doch kann das Stundenhonorar bei langjähriger Erfahrung zwischen 20 und 50 Euro pro Stunde liegen. Je nach Stadt und Bundesland können die Preise unterschiedliche Bandbreiten haben.

4.3 Selbstständigkeit

Als Nachhilfelehrer sind Sie selbstständig. Niemand wird Sie zu einem Festgehalt einstellen. Sie sind für Ihre Krankenkasse und Ihre Steuererklärung selbst verantwortlich. So grausig wie das alles klingt, hat die Selbstständigkeit auch Vorteile. Sie sind der Boss. Sie haben niemanden über sich, außer sich selbst. Die Nachhilfeinstitute bei denen Sie arbeiten sind Ihre Kunden, nicht Ihre Arbeitgeber und schon gar nicht Ihre Chefs. Sie sind Einzelunternehmer, d.h. Ihr kompletter Umsatz ist auch Ihr Gehalt, abzüglich der Steuer, die Sie entrichten müssen. Als Selbstständiger müssen Sie eine Steuererklärung machen. Allerdings klaffen hier Theorie und Praxis weit auseinander. Viele Nachhilfelehrer, die unter dem Steuerfreibetrag bleiben, machen oftmals keine Steuererklärung. Das liegt daran, weil sich der Aufwand nicht lohnt. Da man keine Steuern hinterzieht und auch nichts von der Steuer zurückbekommt, also weder illegal handelt, noch einen Vorteil daraus zieht, lassen es viele bleiben. Ihr Steuerfreibetrag liegt bei 8.652€ im Jahr (Stand 2017). Wenn das Ihr einziges Einkommen ist, fallen Sie meist unter die Kleinunternehmerregelung und müssen keine Umsatzsteuer zahlen. Kleinunternehmerregelung bedeutet, Sie haben im vorangegangenen Jahr nicht mehr als 17.500€ verdient und werden im laufenden Jahr voraussichtlich nicht mehr als 50.000€ verdienen. Sollten Sie eine dieser Bedingungen nicht erfüllen, sind Sie umsatzsteuerpflichtig. Allerdings ist die Auftragslage als Nachhilfelehrer nicht wochenfüllend, so dass Sie mit Nachhilfe allein diese Grenze nie erreichen werden.

Ein weiterer Punkt der angesprochen werden muss, ist die Scheinselbstständigkeit. Sie sind dann Scheinselbstständig, wenn Sie wie ein Arbeitnehmer auftreten.

Dazu zählen folgende Punkte:

- Sie lassen sich Aufgaben von oben diktieren
- Sie dürfen für kein anderes Unternehmen arbeiten

Sollte einer dieser Punkte auf Sie zutreffen, gelten Sie als Scheinselbstständig und machen sich und auch das Institut strafbar. Studenten, die meist nur bei einem Institut sind, haben nichts zu befürchten. Da Sie nur einige Stunden in der Woche im Nachhilfeinstitut verbringen, ist eine Scheinselbstständigkeit äußerst unwahrscheinlich. Das gilt auch für jeden der Nachhilfe nicht „Vollzeit" ausübt.

Denken Sie einfach immer daran: Sie sind der Boss und Sie entscheiden mit wem Sie arbeiten und unter welchen Bedingungen.

4.4 Unternehmer vs. Pädagoge

So hart das Unternehmerdasein auch klingt, sollten Sie stets die Realität im Auge behalten. Vieles klingt härter und kälter, als es in der Realität dann letztlich der Fall ist. Deswegen kommen wir zu den Unterschieden zwischen Unternehmer und Pädagoge zu sprechen. Angehende Lehrer im Studium lernen Ihre Kurse immer im Vorfeld vorzubereiten. Das ist Luxus, denn später werden sie auch entsprechend entlohnt. Der Nachhilfelehrer bekommt keine Vorbereitungszulage oder ähnliches. Ihr Honorar bezieht sich auf die Zeit, die Sie im Nachhilfeinstitut verbringen. Privat sieht das anders aus. Wenn Sie Kurse vorbereiten möchten, sollten Sie das in Ihren Stundensatz mit einkalkulieren.

Ich persönlich rate Ihnen von jeglicher Vorbereitung komplett ab. Das hat zwei Gründe. Erstens wird oft aktueller Stoff behandelt, der nicht immer absehbar ist. D.h. Ihre ganze Vorbereitung wäre umsonst, wenn der Schüler plötzlich mit einem ganz anderen Problem in Ihre Stunde kommt. Außerdem haben Sie stets die Möglichkeit, während Ihres Kurses schon den nächsten zu planen. Falls Sie Vorbereitung benötigen. Zweitens ist es aus unternehmerischer Sicht vollkommen sinnfrei. Der Job ist dafür zu schlecht bezahlt, als dass Sie Ihre Freizeit dafür opfern sollten.

Eine Ausnahme gibt es allerdings: Wenn Sie den Stoff auffrischen müssen, um ihn den Schülern besser oder überhaupt erklären zu können.

4.5 Elterngespräch

Elterngespräche kommen verstärkt im privaten Bereich vor. Sie können vollkommen unterschiedlich ablaufen und Sie wissen nie was Sie erwartet. Verhindern Sie, dass Eltern auf Sie zukommen. Kommen Sie ihnen zuvor und bieten dieses Gespräch als Teil Ihrer Dienstleistung an. Wechseln Sie nach der Stunde ein paar Worte mit den Eltern.

Halten Sie sich dabei an diese Gesprächspunkte:

- Wie ist es heute gelaufen?
- Wo hat er/sie sich verbessert?
- Wo könnte es zu Problemen kommen?
- Welcher Stoff braucht noch Zeit?

Dadurch vermeiden Sie böse Überraschungen bei der nächsten Arbeit. Manche Eltern wollen wissen, was sie tun können, um Ihrem Kind zu helfen.

Beraten Sie sie! Man wird Ihre Dienstleistung dankend entgegennehmen und Sie bereitwilliger bezahlen, denn Sie sind Ihr Geld wert.

Vermeiden Sie leere Versprechungen und absolute Aussagen, wie z.B. „Ihr Kind wird in Nullkommanichts besser!" oder „Bald hat er die 1!" steht momentan aber auf 5. Solche Aussagen rächen sich. Sie erinnern sich: ein guter Lehrer macht noch keinen guten Schüler. Halten Sie sich deshalb zurück, machen Sie nur Aussagen über die momentane Situation und wie Sie in Zukunft mit dem Schüler daran arbeiten. Alles andere können Sie nicht versprechen. Sollten Sie direkt gefragt werden: „Wann schreibt denn mein Kleiner eine 1?" Antworten Sie ehrlich: „Weiß ich nicht! Das ist davon abhängig, wie viel er selbst dafür tut."

Manchen wird diese Aussage nicht gefallen und gerade Eltern, die Lehrern gerne die Schuld an der Leistung ihres Kindes geben, warten nur darauf, dass Sie ihnen eine weitere Ausrede liefern. Tun Sie es nicht! Liefern Sie ihnen keine Ausreden! Irgendwann müssen sich auch solche Eltern eingestehen, dass ihr Kind nicht von der Welt gehasst wird, sondern einfach nicht genug lernt. Im Extremfall können Sie als Nachhilfelehrer immer noch aussteigen. Sollten Sie sich dennoch mit Vorwürfen von Elternseite auseinandersetzen müssen, bleiben Sie ruhig und stellen Sie aktiv Fragen, um die Situation unter Kontrolle zu halten. Dadurch vermitteln Sie Ihrem gegenüber das Gefühl, dass Sie zuhören und Sie können zur Lösung des Problems vordringen. Vielleicht erkennt Ihr Gesprächspartner im Gespräch sogar, dass Sie gar keine Schuld trifft.

Beispiel:
„Mein Kind hat eine 6, obwohl Sie schon drei Wochen Nachhilfe geben."
„Was ist passiert?" oder „Was genau war das Problem?"

Reden Sie auch mit Ihrem Schüler, um zu verstehen, was passiert ist. Reden Sie offen mit den Eltern und erklären Sie, dass Sie in drei Wochen keine drei Schuljahre nachholen können. Kommen Sie auf gar keinen Fall auf die Idee sich zu rechtfertigen. Denn dann gestehen Sie Ihre Schuld ein. Ihr gegenüber wird es zumindest so verstehen.
Als letztes gebe ich Ihnen den Rat NIE zu lügen. Denn: Lügen haben kurze Beine und keine Arbeit. Sollte sich das herumsprechen, werden Sie kaum noch gebucht, Sie verlieren Ihr Ansehen und damit Ihre Kunden. Niemand will mit einem Lügner arbeiten.

4.6 Warum Nachhilfe geben?

Nach all den Nachhilfethemen, dem Unternehmertum, den Problemen, denen man sich stellen muss... Warum soll ich diesen Job überhaupt ergreifen?

Der Job als Nachhilfelehrer bietet Ihnen eine Unmenge an Vorteilen. Jedes Unternehmen sucht mittlerweile nach Leuten mit sogenannten Softskills. Als Nachhilfelehrer erwerben Sie genau diese Softskills bzw. haben die Chance Sie zu verbessern.

Dazu zählen u.a.:

- Selbstvertrauen
- Motivation
- Belastbarkeit
- Eigenverantwortung
- Empathie
- Menschenkenntnis
- Kommunikationsfähigkeit
- Kritikfähigkeit
- Umgangsstil
- Stressresistenz
- Organisation
- Zeitmanagement
- Präsentationsfähigkeiten
- Usw.

Mit diesen Fähigkeiten bringen Sie schon mehr Kompetenzen mit, als bei den meisten anderen Minijobs.

Zusätzlich zu all diesen Vorteilen, die man später im Berufsleben voll zur Geltung bringen kann, kommt natürlich noch dieser eine besondere Vorteil. Sie helfen Menschen, die dankbar sind für Ihre Hilfe. Der Moment, wenn einem Schüler ein Licht aufgeht, wenn er einfach nur froh ist, eine bessere Note zu haben, wenn sein Selbstbewusstsein größer geworden ist und wenn er merkt, dass Sie etwas nützen und eine große Hilfe sind. Das ist der Moment voller Dankbarkeit. Sie werden das spüren und es wird Sie zufrieden machen. Sie werden sich auf die Schulter klopfen und wissen, dass Sie diesen jungen Menschen irgendwann in die große weite Welt entlassen und er sich dort draußen gut schlagen wird. Das ist eine Zufriedenheit, die Ihnen niemand nehmen kann. Denn in keiner Branche wird so sehr in die Zukunft investiert, wie in der Bildung. Seien Sie ein Teil davon und seien Sie eine wahrnehmbare Veränderung in der Welt.

5. Für Eltern

5.1 Kann ich mir das Geld sparen?

In Zeiten, in denen Lebenshaltungskosten immer höher werden, stellt man sich immer wieder die Frage: „Kann ich hier Geld sparen?"

Diese Frage ist vollkommen berechtigt. An der Bildung zu sparen mag brutal klingen, ist aber möglich. Allerdings stellen sich hier zwei elementare Fragen:

- Haben Sie Zeit und Muse Ihrem Kind selbst zu helfen?
- Wenn ja, haben Sie das nötige Wissen?

Sie müssen beide Fragen mit Ja beantworten, um sich das Geld für Nachhilfe sparen zu können. Gerade Punkt eins stellt für viele Eltern bereits ein Problem dar. Entweder fehlt die Zeit oder schlicht und ergreifend die Lust. Selbst wenn Sie beides haben, brauchen Sie das nötige Wissen, um Ihren Kindern zu helfen.

Mit diesem Buch sollten Sie ein ordentliches Repertoire an Mitteln bekommen, die Ihnen helfen, ihrem Kind selbst Nachhilfe geben zu können. Seien Sie nicht zu streng, aber auch nicht zu zaghaft. Beides wird der Nachhilfe und Ihrem Verhältnis zu Ihrem Kind schaden.

Das Geld, das Sie sparen, können Sie in Bücher investieren. Diese müssen Sie schließlich nur einmal kaufen und nicht monatlich bzw.

wöchentlich bezahlen.

Hier ein paar Buchvorschläge, die standardmäßig in jedem Regal stehen sollten und manchmal sogar klassenübergreifend sind, sodass sie nur einmal im Schulleben gekauft werden müssen:

- Formelsammlung für Mathe
- Englische Grammatik
- Deutsche Grammatik

Alle weiteren Bücher, wie Übungsbücher etc. sollten Sie mit Ihrem Kind zusammen aussuchen. Das steigert die Motivation Ihres Kindes und Sie kaufen nichts Falsches.

Zusätzlich noch ein paar Tipps mit welchen Büchern man am besten durchs Schulleben kommt:

- Übungsbücher:
  - Das passende Workbook zum Englischbuch
    - Lösungsbuch nicht vergessen
  - Das passende Matheübungsbuch
    - Lösungen sind meist dabei
- Literatur:
  - Die passenden Literaturschlüssel

Gerade der letzte Punkt kann Ihrem Liebling das Leben in Deutsch stark vereinfachen. Literatur ist meist uralt, vollkommen unverständlich und der Lehrer erwartet oft eine vorgefertigte Interpretation und keine

Kreativität von Seiten der Schüler. Diesen Punkt können Sie mit einem Literaturschlüssel angehen. Hier steht alles drin, was Ihr Kind über die jeweilige Literatur wissen muss.

Eine Sache noch über die Bücher: Erwarten Sie nicht, dass die Bücher Ihren Nachhilfejob erledigen. Nur weil Sie im Bücherregal stehen, heißt das nicht, dass Ihr Kind sie auch benutzt. Meistens bleiben sie dort für alle Ewigkeit, vollkommen ungenutzt und verstauben. Sie müssen sich mit Ihrem Kind hinsetzen und das Buch in die Hand nehmen. Ihr Kind wird es erfahrungsgemäß nicht tun.

5.2 Mein Kind lässt sich nicht von mir unterrichten

Eltern erzählen mir immer wieder, dass ihre Kinder sich nicht von ihnen unterrichten lassen. Die Gründe dafür sind vielfältig: Kurz vorher ist etwas vorgefallen, Ihr Kind ist noch sauer auf Sie oder Sie sind noch sauer auf Ihr Kind, etc. Egal welcher Grund es ist, Sie kommen im Moment nicht weiter. Manchmal hilft es die Nachhilfe zu verschieben, was allerdings keine regelmäßige Lösung werden sollte, sonst nutzt Ihr Kind das irgendwann gegen Sie.

Sie haben alles probiert und egal wie, es will einfach nicht klappen. Dann bleibt Ihnen nur noch der Weg zu einer neutralen dritten Person. Das kann ein anderes Familienmitglied, ein guter Bekannter oder ein Nachhilfelehrer sein. Ein Nachhilfelehrer weiß nichts von den Problemen mit den Eltern und braucht sich damit nicht auseinanderzusetzen. Der Schüler ist zum Lernen da und allein darauf konzentriert man sich. Der Druck ist raus und egal was das Eltern-Kind-Verhältnis belastet ist jetzt nicht mehr relevant.

5.3 Wo gibt's die beste Nachhilfe?

Für alle Eltern, die eine der Fragen oder beide mit Nein beantwortet haben, stellt sich vielleicht diese Frage. Sie ist ganz leicht zu beantworten:

Dort wo sich Ihr Kind gut aufgehoben fühlt! Menschen haben ein gutes Gespür dafür, die richtige Vertrauensperson zu finden und ihre Kompetenz einzuschätzen. Dennoch können Sie bei Misstrauen einfach mal checken, was Ihr Kind gemacht hat und ob das soweit richtig und kontrolliert ist. Dadurch stellen Sie sicher, dass Sie die beste Nachhilfe für Ihr Kind haben. Die meisten Nachhilfeinstitute bieten Ihnen vergünstigte bzw. kostenlose Schnupperkurse an, nutzen Sie diese. Beraten Sie sich auch mit anderen Eltern, deren Kinder Nachhilfe nehmen. Sollten Sie vollkommen unzufrieden sein, wechseln Sie erstmal den Nachhilfelehrer bevor Sie gleich das Institut wechseln, um Ihr Kind nicht gleich an eine komplett neue Umgebung gewöhnen zu müssen.

5.4 Nachhilfe ist nicht immer das Richtige

Manchmal brauchen Kinder oder Jugendliche gar keine Nachhilfe. Sie brauchen nur mal Zeit zum Lernen. Entrümpeln Sie doch einfach mal den Terminplan Ihres Kindes und werfen Sie jeden Termin raus, der zu viel ist. Fünf Hobbys können nicht alle gleich gut bedient werden. Das ist unmöglich. Das Schulleben da noch dazwischen zu quetschen ist Wahnsinn. Geben Sie Ihrem Kind Luft zum Atmen. Es ist keine Maschine, denn Sie sind es auch nicht.

Vielleicht müssen Sie sich eingestehen, dass G8 und Abitur nicht das richtige für Ihr Kind sind. Ein Schulwechsel mag anfangs unmenschlich sein, doch das kann Ihr Kind komplett entspannen und den Druck rausnehmen.

Falls Sie das Gefühl haben, dass mit Ihrem Kind etwas ganz anderes nicht stimmt, kann ein Arztbesuch helfen.

Finden Sie heraus, ob Nachhilfe tatsächlich nötig ist. Vielleicht liegt der Grund für schlechte Noten ganz woanders.

6. Dos and Don'ts

Hier sind nochmal die wichtigsten Dos und Don'ts aufgelistet. Also was Sie tun bzw. lassen sollten.

Dos	Don'ts
Hart aber gerecht	Schreien
Respekt	Leere Drohungen
Unterschiede machen	Stock im A****
Motivieren	Lehrer in der Schule schlecht machen
Zuhören	Smartphones/Handys
Klare Regeln	Panik verbreiten
Regulierten Druck ausüben	Vorsagen
Geduldig sein	Angst machen
Belohnen	Bestrafen
Erfolge anerkennen	Lügen

7. Nachwort

Da ich schon immer zum autodidaktischen Lernen neige und mir alles selbst beibringe, hätte ein Buch mir sicherlich geholfen. Es hätte mir dabei geholfen, mich bei der Nachhilfe einzufinden, mir meine Ängste genommen und ich hätte früher mit dem Lehren begonnen. Als ich mit Nachhilfe anfing, war ich der festen Überzeugung, dass ich das nicht kann. Um mein Defizit zu überwinden und mir Sicherheit zu geben, fing ich an, mich an meine Lehrer zu erinnern. An die guten und die schlechten. Auch wenn wir uns an Letztere lieber nicht erinnern, lernte ich ausgerechnet von den schlechten Lehrern am meisten. Denn sie haben mir gezeigt, wie ich es auf gar keinen Fall machen darf. Meine guten Lehrer haben mich immer mit Respekt behandelt und mich ernst genommen. Bei ihnen habe ich in meiner Schulzeit am meisten gelernt. Während ich in der fünften Klasse noch eine 5 in Englisch hatte, habe ich später mein Abitur mit einer 3 abgeschlossen. Ich bin heute noch der festen Überzeugung, dass mein Englischlehrer im Abiturkurs, diese 3 erst ermöglicht hat. Später, weil ich meine Kenntnisse weiter vertiefen wollte, habe ich ausgerechnet Sprachen studiert, obwohl meine naturwissenschaftlichen Fächer alle eine 2 aufwärts waren. Heute habe ich einen Bachelor of Arts in Sprachen, habe mehrere Monate in Irland gearbeitet und mein Englisch ist besser als es je hätte sein können. Nur wegen eines Lehrers habe ich mich meinem Defizit gestellt. Deswegen bin ich heute noch der Überzeugung, dass man alles lernen kann, wenn man nur will.

Anhang

Tage bis zur Klassen- arbeit:				
Zeit/Tage				
h				
Pause				
h				
Pause				
h				

Auszug aus dem europäischen Referenzrahmen der Webseite: http://www.europaeischer-referenzrahmen.de/

Die Niveaustufen des GER

Die grundlegenden Level sind:

A: Elementare Sprachverwendung

B: Selbstständige Sprachverwendung

C: Kompetente Sprachverwendung

Diese sind nochmals in insgesamt 6 Stufen des Sprachniveaus unterteilt:

A1 – Anfänger

Kann vertraute, alltägliche Ausdrücke und ganz einfache Sätze verstehen und verwenden, die auf die Befriedigung konkreter Bedürfnisse zielen. Kann sich und andere vorstellen und anderen Leuten Fragen zu ihrer Person stellen – z. B. wo sie wohnen, was für Leute sie kennen oder was für Dinge sie haben – und kann auf Fragen dieser Art Antwort geben. Kann sich auf einfache Art verständigen, wenn die Gesprächspartnerinnen oder Gesprächspartner langsam und deutlich sprechen und bereit sind zu helfen.

A2 – Grundlegende Kenntnisse

Kann Sätze und häufig gebrauchte Ausdrücke verstehen, die mit Bereichen von ganz unmittelbarer Bedeutung zusammenhängen (z. B.

Informationen zur Person und zur Familie, Einkaufen, Arbeit, nähere Umgebung). Kann sich in einfachen, routinemäßigen Situationen verständigen, in denen es um einen einfachen und direkten Austausch von Informationen über vertraute und geläufige Dinge geht. Kann mit einfachen Mitteln die eigene Herkunft und Ausbildung, die direkte Umgebung und Dinge im Zusammenhang mit unmittelbaren Bedürfnissen beschreiben.

B1 – Fortgeschrittene Sprachverwendung

Kann die Hauptpunkte verstehen, wenn klare Standardsprache verwendet wird und wenn es um vertraute Dinge aus Arbeit, Schule, Freizeit usw. geht. Kann die meisten Situationen bewältigen, denen man auf Reisen im Sprachgebiet begegnet. Kann sich einfach und zusammenhängend über vertraute Themen und persönliche Interessengebiete äußern. Kann über Erfahrungen und Ereignisse berichten, Träume, Hoffnungen und Ziele beschreiben und zu Plänen und Ansichten kurze Begründungen oder Erklärungen geben.

B2 – Selbständige Sprachverwendung

Kann die Hauptinhalte komplexer Texte zu konkreten und abstrakten Themen verstehen; versteht im eigenen Spezialgebiet auch Fachdiskussionen. Kann sich so spontan und fließend verständigen, dass ein normales Gespräch mit Muttersprachlern ohne größere Anstrengung auf beiden Seiten gut möglich ist. Kann sich zu einem breiten Themenspektrum klar und detailliert ausdrücken, einen Standpunkt zu einer aktuellen Frage erläutern und die Vor- und Nachteile verschiedener Möglichkeiten angeben.

C1 – Fachkundige Sprachkenntnisse

Kann ein breites Spektrum anspruchsvoller, längerer Texte verstehen und auch implizite Bedeutungen erfassen. Kann sich spontan und fließend ausdrücken, ohne öfter deutlich erkennbar nach Worten suchen zu müssen. Kann die Sprache im gesellschaftlichen und beruflichen Leben oder in Ausbildung und Studium wirksam und flexibel gebrauchen. Kann sich klar, strukturiert und ausführlich zu komplexen Sachverhalten äußern und dabei verschiedene Mittel zur Textverknüpfung angemessen verwenden.

C2 – Annähernd muttersprachliche Kenntnisse

Kann praktisch alles, was er/sie liest oder hört, mühelos verstehen. Kann Informationen aus verschiedenen schriftlichen und mündlichen Quellen zusammenfassen und dabei Begründungen und Erklärungen in einer zusammenhängenden Darstellung wiedergeben. Kann sich spontan, sehr flüssig und genau ausdrücken und auch bei komplexeren Sachverhalten feinere Bedeutungsnuancen deutlich machen.

Lösung brauner Zwerg: „Braune Zwerge sind Objekte, die schwerer als 10x die Masse des Jupiters = 1% der Sonnenmasse sind und zu leicht sind, um in ihrem inneren Kernfusionsreaktionen zu unterhalten. Die braunen Zwerge sind somit leichter als 8% der Masse der Sonne." (Lexikon Astrophysik)

Vokabeltest

Deutsch

Dr. Gero Tacke 100 bzw. 300 Fehlerwörter

http://www.leserechtschreibfoerderung.de/Informationen/Fehl
erwoerter.pdf

Quellenverzeichnis

Literaturverzeichnis

Gladwell, Malcolm. *The Tipping Point.* New York: Back Bay Books, 2001.

Hoegg, Günther. *Gute Lehrer müssen führen.* Weinheim: Beltz, 2012.

Kahnemann, Daniel. *Schnelles Denken, Langsames Denken.* München: Pantheon, 2015.

Internetquellen

Be., J. *Spektrum.de.* 1999.
http://www.spektrum.de/lexikon/biologie/kampf-oder-flucht-reaktion/35305 (Zugriff am 27. 07 2017).

business-wissen.de. 21. Januar 2016. https://www.business-wissen.de/artikel/schlauer-werden-tipps-fuer-schnelles-und-effizientes-lernen/ (Zugriff am 02. 07 2017).

Europäischer Referenzrahmen. http://www.europaeischer-referenzrahmen.de/ (Zugriff am 08. 07 2017).

Kulbarsh, Pamela. *officer.com.* 08. 02 2017.
http://www.officer.com/article/12303190/fear-factors-the-three-f-words (Zugriff am 27. 07 2017).

Lexikon Astrophysik.
http://lexikon.astronomie.info/stichworte/Astrophysik.html (Zugriff am 27. 06 2017).

Lexikon Online. 2007. http://lexikon.stangl.eu/5607/belohnung/ (Zugriff am 25. 07 2017).

Rogge, D. J.-U. (16. Juli 2018). *Elternwissen.com.* Von Wie viel Schlaf braucht Ihr Kind in der Pubertät?:
https://www.elternwissen.com/pubertaet/koerperliche-psychische-entwicklung/art/tipp/wie-viel-schlaf-braucht-ihr-kind.html abgerufen

scoyo.com. https://www-de.scoyo.com/eltern/lernen/lerntipps-lernmotivation/welche-lerntypen-gibt-es-informationen-und-tipps-zur-lerntypbestimmung (Zugriff am 02. 07 2017).

Tacke, Dr. Gero. *Leserechtschreibförderung.*
http://www.leserechtschreibfoerderung.de/Informationen/Fehler woerter.pdf (Zugriff am 08. 07 2017).

test.de. 17. 06 2017. https://www.test.de/Schule-Lehrer-darf-Handy-uebers-Wochenende-einschliessen-5193461-0/ (Zugriff am 01. 07 2017).

www.pareto-prinzip.net. *Pareto Prinzip.* http://www.pareto-prinzip.net/ (Zugriff am 04. 03 2018).

ÜBER DEN AUTOR

Julien Appler beendete sein Studium an der Universität Heidelberg und unterrichtet heute Sprache und Kultur. Nach seiner Ausbildung zum Schauspieler war er stets auf der Suche Verständnis und Kommunikation auf dem bestmöglichen Weg zu vermitteln. Er schloss sein Übersetzerstudium mit dem Bachelor of Arts ab und arbeitete später als Filialleiter bei der Schülerhilfe. Er engagiert sich sozial für Kinder und Jugendliche, um ihre Chancen auf dem Arbeitsmarkt zu verbessern und hat bereits mehrere Arbeiten zum Thema Kulturverständnis und Übersetzung publiziert. Sein besonderes Interesse gilt dem Vereinfachen von Lernprozessen. Julien Appler lebt in Mannheim, einer Stadt, der er sich mit Leib und Seele verschrieben hat.

Printed in Germany
by Amazon Distribution
GmbH, Leipzig